KB188842

암병 이 치료된 사람들의 이야기

오흥복 지음

엘맨

머/리/말

이 책은 암과 기타 여러 가지 질병 가운데 기적적으로 치료받은 분들의 이야기를 소개하고 있습니다. 우리가 문제를 만났을 때 답을 가지고 있으면 그 어떤 난관을 만나도 당황하지 않고 돌파해서 결국 문제를 해결할 수 있습니다. 마찬가지로 우리가 신앙생활을 하면서 문제를 만났을 때 당황하지 않고 문제를 해결 할 수 있는 방법은 기도의 기술(기도의 방법)을 가지고 있으면 됩니다.

본 책은 인생의 여러 가지 문제 중 질병의 치료에 대한 기도의 기술을 다루고 있습니다. 특별히 암에서 치료 받은 분들의 이야기를 많이 소개하고 있습니다. 성공하는 방법 중 하나가 부자들이 했던 방법을 그대로 따라서 하면 되는 것 같이 우리가 불치병에서 치료 받는 방법도 역시 불치병에서 치료 받은 분들의 기도의 방법을 따라서 하면 됩니다. 그들이 기도했던 기도의 방법을 답습해 기도하면 틀림없이 불치병에서 치료 받고 문제는 해결 받게 될 것입니다.

그러므로 이 책은 불치병으로 시한부 인생을 사는 분들에게 큰 소망을 줄 것입니다. 왜냐하면 치료 받은 분들의 기도의 기술을 소개하고 있기 때문입니다. 저는 목회를 하면서 믿는 우리 형제자매들이 질병으로 죽어간다는 이야기를 들으면 가슴이 저리도록 아파 그들을 위해 정말 간절히 기도했습니다. 부디 이 책이 불치병으로 고생하는 분들에게 한 줄기 소망의 빛이 되었으면 합니다.

끝으로 이렇게 책으로 출간할 수 있도록 역사하신 하나님께 진심으로 감사를 드립니다.

2022년 7월
서울 순복음 은총교회 오흥복 목사

목/차

제 **1**장

페리파테오(걸으면, 운동하면) 치료되고 회춘이 온다

1. 갱년기는 운동하라는 신호이다

사춘기가 2차 성장인 어른(성년)이 될 것이라는 신호라면 제2의 사춘기인 갱년기는 2차 성장을 위해 오는 것이 아니라 죽음에 대한 경고로 오는 것입니다. 제2의 사춘기인 갱년기는 보통 여자는 폐경으로 오지만 남자들은 일반적으로 50대를 기준으로 오는데 그 신호는 대사증후군으로 옵니다. 대사 중후군은 일반적으로 고지혈증, 나쁜 콜레스테롤 증가와 고혈압, 당뇨를 말한다고 보면 됩니다. 그런데 이 갱년기는 제2의 몸의 변화를 말하는 사춘기인데 이는 죽음의 사춘기입니다. 다시 말해 갱년기란 지금처럼 살면 이제 60세를 넘기지 못하고 죽는다는 신호입니다.

그런데 이 경고(갱년기)를 잘 받아들이면 120세까지 살 수 있습니다. 불과 30년 전만해도 환갑잔치가 있었습니다. 왜냐하면 60세를 넘기지 못하고 거의 다 죽었는데 기적처럼 혼자 살아남아 환갑을 맞이했기에 축하하기 위해 만 61세가 되는 날 생일잔치를 성대하게 했습니다. 이 정도로 60세까지 살기가 싫지 않았던 시절이 있었습니다.

그러면 왜 환갑을 넘기지 못하고 거의 다 죽었을까요? 그 이유는 제2의 신호인 갱년기를 무시했기 때문입니다. 지금은 건강검진을 통해 대사증후군인지 아닌지를 알 수 있지만 당시에는 건강검진을 잘 받지 않았기에 대사증후군인지도 모르고 살다가 병을 키워 죽었던 것입니다. 그러나 건강검진을 받지 않더라도 내가 대사증후군인지 아닌지 알 수 있는 방법이 있는데 그것은 여자는 폐경기가 오면 그냥 쉽게 대사증후군에 걸려있다 생각하면 되고, 남자는 발기부전이 오면 대사증후군이라 생각하면 됩니다.

2. 만병의 근원

그러면 만병의 근원은 무엇일까요? 말씀 드렸듯이 대사증후군입니다. 그러면 이 대사증후군을 가져오는 원인은 무엇일까요? 첫째는 탄수화물인 밥과 밀가루 식품이고, 둘째는 돼지고기, 소고기, 오리고기, 양고기, 닭고기와 같은 기름진 음식입니다. 다시 말해 만병의 근원이 대사증후군인데 따지고 보면 이 대사증후군을 내 몸에 가져오는 주범은 바로 잘못된 식습관인 탄수화물 과다 복용과 육식을 좋아하는 식습관입니다.

1) 탄수화물인 밥에 대하여

우리말에 "밥이 보약이다, 밥이 힘이다."라는 말이 있는데 이 잘못된 격언 때문에 우리나라 인구 중 천만 명이 당뇨 환자가 되었습니다. 그러므로 우리나라 격언을 바꾸어야 합니다. "밥은 보약이 아니라 밥은 당뇨를 일으키는 주범이다."라고 바꾸어야 합니다. 왜냐하면 당뇨는 오직 한 가지에만 반응을 일으키는데 그것은 탄수화물입니다. 탄수화물의 주범 중에 주범은 밥입니다. 그리고 그 다음은 빵이나 밀가루 음식입니다. 당뇨는 단백질이나 다른 것에는 반응하지 않습니다. 오직 탄수화물에만 반응합니다. 그러므로 탄수화물인 밥(빵)만 한 공기 이상 먹지 않으면 절대로 당뇨에 걸리지 않습니다. 밥이 보약이라고 믿고 밥을 좋아해 한 공기 이상을 먹는 사람은 시간이 문제지 반드시 당뇨에 걸리게 되어 있습니다.

그리고 이 밥이 또 한 가지를 가져오는데 이는 나쁜 콜레스테롤 수치를 높게 만든다는 사실입니다. 물론 육류를 좋아하는 사람에게도 나타나는 현상이지만 특히 밥을 좋아하는 사람에게 특별히 많이 나타납니다. 그러므로 우리가 탄수화물만 줄이기만 해도 대사중후군 중 두 가지를 잡을 수 있는데 그것은 당뇨와 콜레스테롤입니다.

2) 기름진 음식인 돼지고기, 소고기, 오리고기, 양고기, 닭고기에 대하여

당뇨의 치료약은 단백질입니다. 당뇨를 잡는 간단한 방법은 밥 먹는 순서만 바꾸면 됩니다. 우리나라 식습관 중 나쁜 습관이 있는데 그것은 밥 먹고 국이나 반찬을 먹는 것입니다. 앞에서 말씀 드렸듯이 밥을 먼저 먹게 되면 당뇨와 콜레스테롤을 높이게 됩니다. 그러므로 밥 먹는 순서를 단백질을 먼저 다 먹고 → 그 다음 샐러드를 다 먹고 → 그 다음 반찬 한번 먹고 → 밥 한 수저 먹으면 절대로 당뇨에 걸리지 않습니다. 이런 순서에 의해 식사를 하여야만 당뇨와 콜레스테롤을 잡을 수 있습니다. 다시 말씀 드리지만 밥은 어떤 경우에서도 한 공기 이상을 먹으면 안 됩니다.

저는 지금 단백질을 먼저 먹으면 당뇨와 콜레스테롤을 잡을 수 있다고 했는데 그러면 기름진 음식인 육류를 많이 먹으라는 말일까요?. 여러분도 아시다시피 기름진 음식인 육류인 돼지고기, 소고기, 오리고기, 양고기, 닭고기를 많이 먹으면 심혈관, 뇌혈관이 막히는 협심증이나 뇌경색(중풍)

이 반드시 오게 되어있습니다. 저는 지금 육류를 좋아하면 협심증이나 뇌경색이 올 수 있다고 말하고 있지 않고, 반드시 갱년기 때 협심증이나 뇌경색이 온다고 강조해서 말하고 있습니다. 그러므로 육류인 고기는 일주일에 한두 번 드셔야지 자주 드셨다가는 심장마비인 심근경색이나 뇌경색으로 죽을 수도 있습니다. 이렇게 기름진 음식인 단백질은 우리 몸에 치명적입니다.

그러면 단백질을 먹되 어떤 단백질을 먹어야 할까요?. 그것은 바로 식물성 단백질인 콩이나 견과류를 먹어야 합니다. 그러면 당뇨를 잡을 수 있고 콜레스테롤을 낮출 수 있습니다. 우리가 알아야 할 것이 하나 있는데 그것은 콜레스테롤은 한번 상승하면 식품으로 낮추기 쉽지 않다는 것입니다. 콜레스테롤은 반드시 약을 복용해야 내려간다고 합니다.

3. 회춘 방법

1) 제2의 사춘기인 갱년기를 극복하려면 어떻게 해야 할까요?

갱년기를 극복하기 위해서는 앞에서 이미 말씀 드렸듯이

밥 먹는 순서를 바꾸고, 기름진 음식을 먹지 않고, 콩이나 견과류를 먹으면 됩니다. 그런데 여기에 한 가지 더 추가할 것이 있는데 그것은 바로 운동입니다.

2) 걸으면 회춘합니다.

앞에서 말씀 드렸듯이 갱년기가 왔다는 것은 '네가 지금처럼 먹고 행동하면 앞으로 죽을 수도 있으니 지금부터 두 가지(밥먹는 순서, 단백질을 콩으로 먹는 것)를 바꾸라는 뜻'입니다. 그러면 내가 장수하게 해 주겠다는 신호입니다. 성도 여러분이 두 가지를 하게 되면 반드시 회춘이 찾아오고, 병은 반드시 치료됩니다.

회춘하는 방법은 첫째는 앞에서 말씀 드렸듯이 밥 먹는 순서와 단백질의 종류를 바꾸면 되고, 두 번째는 걸으면 됩니다. 이런 말이 있습니다. "하루 8천보 이상만 걸으면 어떤 병도 걸리지 않고 모든 병이 치료된다." 또한 "운동 중 수명을 연기하는 운동은 달리기(5년 연기)와 걷기이다(8천보 이상 걸으면 2년 연장)."라는 말과 또한 코로나에 걸려 폐가 70% 손상된 사람이 하루 3시간씩 3주 동안 맨발로 걸었더니 완치되었다는 말이 있습니다.

마 9:1~7절을 보면 한 중풍병자를 사람들이 침상 채로 들고 왔을 때 주님이 말씀하시길 "네 죄 사함을 받았느니라 하는 말과 일어나 걸어가라(페리파테오) 하는 말이 어느 것이 쉽겠느냐. 그러나 인자가 세상에서 죄를 사하는 권세가 있는 줄을 너희로 알게 하려 하노라 하시고 중풍병자에게 말씀하시되 일어나 네 침상을 가지고 집으로 가라 하시니(마 9:5~6)."하자 그가 일어나 걸어갔습니다. 또한 행전 3:1~10절을 보면 성전 미문에 있던 앉은뱅이가 일어나 걷는 장면이 나옵니다. 행 3:6절을 보면 "베드로가 이르되 은과 금은 내게 없거니와 내게 있는 이것을 네게 주노니 나사렛 예수 그리스도의 이름으로 일어나 걸으라(페리파테오: 걷다.행동하다)"는 말이 나옵니다.

본문을 보면 주님이 중풍병자에게 일어나 "걸으라"했고, 베드로와 요한 역시 일어나 "걸으라"하고 있습니다. 그런데 여기서 "걸으라"는 말이 헬라어로 "페리파테오"로 이는 "걷다, 행동하다"로 되어 있습니다. 즉 '운동하라'로 되어 있습니다. 왜냐하면 운동하는 것이 곧 걷는 것이고, 행동하는 것이기 때문입니다. 이렇게 음직이지 못하는 자에게 주님과 베드로는 걸으라 즉 운동하라 하고 있습니다. 그랬더니 그들이 걸었습니다. 즉 운동했습니다. 그래서 치료 받아 하나님께 영광을 돌렸습니다.

제가 어느 목사님 집회를 30년 전에 참석한 적이 있습니다. 그분은 유명한 신유의 종이었는데 그 목사님은 앉은뱅이나 걷지 못하는 사람이 오면 안수해 주고 집회가 끝날 때까지 걷게 하였습니다. 이렇게 기도해 주고 걷게 하면 처음에는 뒤뚱거리며 간신히 걷던 사람이 어느 시간부터는 자연스럽게 걸었습니다. 그때는 이해가 되지 않았지만 헬라어 원어를 연구하다 보니 그 말을 지금은 이해할 수 있습니다. 왜냐하면 예수님도 중풍병자에게 일어나 운동하라 했고, 베드로도 앉은뱅이에게 운동하라 했습니다. 그랬더니 그들이 운동하자, 치료가 되었습니다.

"나는 자연인이다"라는 프로그램을 보면 산속에 사는 자연인들에게 어떻게 해서 산속에 들어와 살게 되었느냐고 물으면 한결같이 대답하기를 대도시에 살 때 무절제하고 방만하게 살다가 암이나 또는 다른 질병으로 인해 3~6개월 시한부 삶을 의사로부터 언도받고, 그때 산에 들어와 살게 되었다고 합니다.

그런데 산속에 들어와 하루 종일 약초를 채취하기 위해 산속을 헤매고 약초를 캐먹다 보니 암이 치료되었고 건강이 회복되었다고 말합니다. 그래서 본인들과 시청자들은 "저 사람이 약초 먹고 치료되었구나!"하고 생각하지만 사실은 그들이 치유 받은 이유는 약초를 채취하기 위해 하루 종일 몇 년을 산속을 헤매다보니 저절로 운동을 했던 것입니다. 다시말해 하루 종일, 몇 년씩 운동해서 치료 받았다는 말씀입니다.

표면적으로 나타난 것은 약초를 복용해 치료된 것처럼 보이지만 사실(본질)은 약초를 찾기 위해 하루 종일 걸었던(운동) 것 때문에 치료를 받은 것입니다. 그러므로 병든 분이 있습니까? 오늘부터 걸으십시요. 그러면 1년 내에 치료를 받게 될 것입니다.

지금도 역시 똑같습니다. 걸으면 어떤 병도 다 치료가 됩니다. 왜냐하면 주님이 "걸으라" 즉 "페리파테오"하고 있기 때문입니다. 그러므로 걸으면 회춘합니다. 걸으면 제2의 사춘기인 갱년기를 이기고 120세까지 장수할 수 있습니다.

　이 책은 이렇게 말씀을 믿고 걸어서 암과 각종 병에서 치료 받은 사람들을 소개하고 있습니다. 암세포는 열에 취약합니다. 그래서 암세포는 38도에서 40도가 되면 죽는다고 합니다. 그런데 우리가 페리파테오(걸으면, 운동)를 하게 되면 걸을 때 나는 열에 의해 암세포가 죽게 되어 있습니다. 그래서 암에 걸리신 분들은 누워만 계시지 말고 오늘부터 숨이 차도록 하루 8천보 이상을 걸으시길 바랍니다. 또한 대사증후군에 걸리신 분들이나 기타 다른 질환으로 고생하시는 분들도 걸으시길 바랍니다. 그러면 병은 치료되고 회춘이 찾아와 120세까지 건강하게 살 것입니다.

제 **2** 장

상상기도로 암과 병에서
치료 받은 사람들

1. 상상기도로 암을 치유함

지난 1957년 9월, 내가 아는 분 중에 82세된 여성복음 전도자가 위암으로 2년간 병석에 누워 계셨습니다. 어떻게 그토록 장수할 수 있었는지 의사들도 이해가 되지 않았습니다. 의사들이 개복하여 악성 종양이 여러 개 있는 것을 보고 그냥 그대로 꿰매어 버렸습니다. 더 이상 자기들은 할 일이 없다고 하였습니다.

나는 그녀에게 잠언 4:20-24절을 읽어 주고 싶은 마음이 들었습니다. 이렇게 말했습니다. "내가 병석에 누워 있을 때 이 구절 말씀을 붙잡았는데 한곳을 놓치고 있었다는 걸 알게 되었습니다." 내가 말을 계속했습니다. "잠 4:21절은 말씀을 네 눈에서 떠나지 말게 하라고 말합니다. 이 구절이 나에게 전환점이 되었어요. 나는 내 자신이 죽을 거라고 생각했어요. 그러다가 이 구절을 붙잡고 하나님의 말씀에서 내 눈을 떼지 않았을 때 나는 내 자신을 산 것으로 보기 시작했어요. 나는 전에 한 번도 해본 적이 없는 일들을 내 자신이 하고 있는 것을 보기 시작했어요."

나는 그 소중한 여성에게 이렇게 말씀 드렸습니다. "저렇게 거대해진 배를 볼 때마다 그것이 오그라진 모습을 그려보십시오(상상 환상기도). 자신이 다시 복음을 전하는 모습을 그려 보세요(상상 환상기도). 하나님은 당신이 이렇게 죽는 것을 원치 않으십니다. 당신이 원한다면 죽게 되겠지요, 하지만 먼저 하나님께서 당신을 치유하게 하시고 난 다음에 죽도록 하십시오. 이렇게 죽지 마세요. 하나님은 그런 식으로 죽는 데서는 영광을 얻지 못할 것입니다."

그후 1958년 5월, 내가 텍사스주에서 집회를 하는데 한 여자가 찾아왔습니다. 그리고 나를 꼭 껴안으면서 "목사님, 저를 알아보지 못하시겠어요?" 나는 그녀가 누구인지 알아보지 못했습니다. 자신이 누구라고 밝히자 이번에는 내가 두 팔을 벌려 그녀를 안고 "할렐루야"를 외쳤습니다. 알고보니 여러 달 전에 내가 사역을 해 드렸던 바로 82세된 여자 전도사였습니다.

그녀는 이렇게 말했습니다. "목사님께서 그때 나더러 죽지 말라고 하신게 기뻤어요. 내가 당장 죽어서 천국 가는 것은 천하에 가장 쉬운 일이었을 거에요. 하지만 목사님께서 떠나신 후 새롭게 생각하기 시작했습니다. 나는 나의 거대해진 배를 볼 때마다 그것이 오그라진 모습을 그려(상상하며 하는 상상 환상기도) 보았습니다. 내 자신이 다시 복음을 전하고 영혼을 구원하는 모습을 그려(상상하며 하는 상상 환상기도) 보았습니다. 내 자신이 건강해진 것을 보았습니다. 두세 달 안에 내 배가 줄어들었어요. 시간이 지나자 내 배는 평평해졌고 모든 증상들은 사라졌습니다."

성도 여러분, 우리가 말씀을 붙잡고 상상하며 기도하면 우리에게도 반드시 이런 역사가 나타납니다. 그러므로 말씀을 붙잡고 상상하며 기도합시다.

2. 환상기도로 암을 치유함

해긴 목사님이 미국에서 귀국하는 비행기를 타기 전 미국 사람들이 많이 보는 "에스콰이어"라는 잡지를 샀는데, 그 안에 게재된 놀라운 기사를 보고 마음에 깊은 감동을 받았습니다. 오늘날 수많은 사람들이 암으로 죽어가고 있으며 아무리 의학이 고도로 발전하고 있다지만 암의 말기 현상에 이르면 생명을 보존할 수가 없다는 사실을 우리는 잘 알고 있습니다.

그런데 "에스콰이어" 잡지에 기적의 암 치료 방법이 발표되었습니다. 그것은 새로운 약이나 수술방법의 발견이 아니었습니다. 그것은 의사들이 암 환자들에게 꿈과 환상(상상)을 가지게 함으로써 놀라운 결과를 얻고 있다는 것이었습니다.

꿈과 환상(상상)이란 그들의 몸에 있는 백혈구 수에 의해 암세포가 몸 밖으로 밀려나가고 건강해진 모습을 환자들 자신에게 주야로 바라보게 하면서 마음속에 건강해진 자신의 모습을 그리게 하는 것이라고 합니다(상상하며 하는 상상 환상기도를 말함). 그 결과 몇 달밖에 살수 없던 환자가 일 년이나 넘게 살았고, 암환자 중 태반이 건강을 완전히 회복하였다는 임상보고를 하였습니다. 하나님께서 젊은이에게는 환상을, 늙은이에게는 꿈을 통하여 성령의 역사를 베푸시는 방법을 인용하여 오늘날 의학계에서도 놀라운 변화를 일으켰던 것입니다.

성도 여러분, 이렇게 상상하며 기도하는 환상기도를 하면 놀라운 기적이 일어납니다. 그러므로 우리 모두 상상 환상

기도를 통해 기적을 체험합시다.

3. 상상기도로 귀가 생겨남

언젠가 남미 선교여행 중 카브레라는 목사님을 만났습니다. 카브레 목사님은 나에게(조용기 목사) 하나님의 역사에 대한 자신의 간증을 했습니다.

한 어머니가 귀가 없는 아이를 안고 안수기도를 받으러 왔습니다. 카브레 목사님은 기도하면서 그 아이에게 하나님이 멋진 귀를 만들어서 붙여주는 것을 상상했습니다. 그리고는 그 어린아이에게 간절히 안수하면서 기도를 해 주었습니다.

그런데 기도를 하고 난 다음 얼마 있지 않아 귀가 아닌 조그만 혹이 생겨났습니다. 이상하다 싶었지만 그래도 열심히 기도했습니다. 다시 기도 받으러 왔을 때도 처음과 변함없이 귀가 생길 꿈을 가지고 상상하고 그림을 그리면서 안수해 주었습니다(상상하며 하는 상상 환상기도를 말함). 그는 계속해서 그렇게 기도했습니다.

그 아이의 부모에게도 아이에게 이미 귀가 있다고 생각하고 아침마다 "우리 아기 귀가 예쁘구나"라고 말하고, 귀가 생긴 것을 바라보면서 쓰다듬어 주라고 가르쳐 주었습니다. 그래도 별반 다른 일이 없어 보였습니다. 역시나 이날도 귀가 없는 것을 있는 것같이 생각하고 안수 기도했습니다. 눈을 떠보니 그 작은 혹이 마치 부채처럼 퍼지더니 귀가 생겨났습니다. 이것은 주님의 놀라운 기적이 아니고서야 있을 수 없는 일입니다. 이처럼 바라고 원하는 것은 성령 안에서 믿음으로 먼저 상상하고, 그리고 꿈꾸면 반드시 상상한 대로 나타납니다.

성도 여러분, 우리 모두 상상기도인 환상기도를 통해 놀라운 응답과 기적을 체험합시다.

4. 자궁암에서 치료 받은 여인의 이야기

대전 순복음 교회 김석산 원로 목사님이 여의도 순복음 교회 전도사 시절에 어떤 65세된 아주머니가 자궁암에 걸려 죽게 되었다는 소식을 듣게 되었습니다. 그래서 김석산 전도사는 그를 위로해 주러 찾아갔습니다.

그녀의 집을 가니 그 아주머니는 복수가 풍선처럼 찼고, 가슴 위쪽으로는 마른 부지깽이 같이 말라 있었습니다. 김석산 전도사님은 "아주머니 살고 싶으세요, 죽고 싶으세요?"하고 물었더니 그녀는 살고 싶다고 했습니다. 그래서 김석산 전도사님은 "그러면 왜 살고 싶으냐?"하고 물었더니 "자기 며느리에게 잘해 주고 같이 교회에 다니고 싶어서 살고 싶다."라고 대답했습니다.

그때 김 전도사님이 방 주위를 살펴보았습니다. 방에는 40대의 젊고 건강한 여인의 사진이 걸려 있었습니다. 그래서 그 사진을 내려서 이 사진이 누구 것이냐 물었더니 본인 것이라 했습니다. 그래서 김 전도사님은 40대 때는 아프지 않고 건강했느냐 물으니 아프지 않고 건강했다고 했습니다.

그래서 김 전도사님은 그 사진을 매일 24시간 보며 "하나님 이렇게 되게 해 주세요."하고 기도하라 했습니다. 그리고 김 전도사님은 집으로 돌아갔습니다. 그때 김 전도사님 생각엔 이렇게만 기도하면 살 거라 해놓고 나오면서 3일 안에 죽겠다는 생각을 가졌습니다. 그리고 사역지로 돌아간 김 전도사님은 그녀가 죽었다는 소식이 들려오면 장례를 치러 주려고 기다렸다는데 이상하게 그녀가 죽었다는 소식이 들려오지 않았습니다. 김 전도사님 몰래 장례를 치루었나 싶어 2주일 후에 죽었나 살았다 확인하러 그 집에 다시 갔습니다. 그런데 그집 방에 들어가 보니 아무도 없었습니다. 그래서 죽어서 장사를 지냈나 보다 생각하고 문을 닫고 나오려는 순간 2층에서 그 암에 걸려 죽어갔던 여인이 빨랫감을 가지고 내려와 앉는 모습을 보았습니다.

그래서 어떻게 된 것인지 자초지종을 물었더니 "그날 전도사님이 오셔서 사진을 보며 이렇게 되게 해달라고 기도하라 했잖아요. 그래서 그 사진을 보고 일주일 동안 이렇게 되게 해주세요 하고 잠자는 시간만 빼놓고 기도했습니다." 그렇게 일주일을 사진을 보며 기도했더니 그 다음부터는 사진이 필요 없이 그 모습 그대로가 머리에 저장이 되어 머릿속의 사진을 상상 가운데 보며 "이렇게 되게 해 주세요." 하며 2주일을 기도했더니 하루는 이상하게 배가 뒤틀리고 아파 화장실을 가야 하는데 갈 수 있는 시간이 없어 그냥 쏟았는데 얼마나 많이 썩은 물과 피가 변으로 나왔는지 몰랐다고 합니다. 자기도 이렇게 나오는 것을 보고 놀라 혼절을 하고 깨어나 보니 배가 홀쭉해졌고, 몸이 가벼워졌고, 움직이고 싶은 마음이 들고, 식욕이 당겨 그 배설물을 손수 다 치웠다고 합니다. 그리고 3주만에 암에서 치료 받았다고 하였습니다.

성도 여러분, 여기서 우리가 기억할 것이 있는데 그것은 그녀가 상상 환상기도 가운데 "이렇게 되게 해 주세요." 하고 24시간 기도한 것입니다. 그러자 치료가 되었습니다. 성도 여러분, 우리도 이렇게 상상 환상기도를 24시간 합시다. 그러면 반드시 응답이 옵니다.

5. 후두암에서 치료 받은 이야기

대전 순복음 교회 다니던 후두암에 걸린 대학교수인 집사님의 이야기입니다. 집사님이 암에 걸려 김석산 목사님을 찾아왔습니다. 그때 목사님은 그에게 말하길 벧전 2:24절 말씀을 만 번만 쓰면 살 것이라 했습니다.

그리고 만 번을 쓰면 내가 그때 기도해 주겠다 했습니다. 그러자 그 후두암 걸린 집사님은 기도원에 들어가 벧전2:24절 말씀을 만 번 썼습니다. 그는 처음 후두암에 걸린 후 잘 먹지도 못했고, 또한 말을 할 수가 없었습니다. 그런데 만 번을 써 가면서 좋아지기 시작해 말을 하기 시작했고, 다시 5천 번을 더 쓰고 나서 후두암에서 완전히 치료 받았습니다.

그런데 그가 이렇게 만 번을 쓰다 치유 받은 이유는 만 번을 쓰다보면 그는 병들었다는 생각이 들지 않고 나았다는 말만 보게 되었기 때문입니다. 그러면서 그가 후두암에서 치료 받으면 성가대에서 봉사하기로 했는데 그것을 상상하며 기도했기 때문이라 했습니다. 다시 말해 그는 만 번을 쓰며 상상이 바뀌었고 말이 바뀌었습니다. 다시 말해 '죽었다'에서 '살았다'는 말만 보게 되었고 또한 살았다는 생각을 갖게 되어 살아 활동하는 자신과 성가대에서 봉사하는 자기 자신을 보았던(환상기도) 것입니다. 그래서 결국 후두암에서 치료 받았습니다.

성도 여러분, 치료는 이렇게 말씀을 상상하며 기도할 때 이루어집니다.

제 **3** 장

말씀을 행함으로 암과 병에서 치료 받은 사람들

1. 오랄 로보츠 목사님의 신유에 대한 말씀

오랄 로보츠 목사님은 말씀하시길 "우리가 병에 걸렸을 때 성경 말씀이나 안수를 받고 나서 가만히 치료해 주기를 기다리지 말고 아멘 한 후에는 스스로 억지로라도 움직이려 노력하면 치료 된다"고 하셨습니다. 감각을 의지하지 말고 말입니다. 성도 여러분, '페리파테오' 즉 안수 받고 운동하면 치료가 된다는 뜻입니다.

2. 간암에서 치유 받은 선교사님

간암에 걸려서 사형선고를 받았던 목사님이 병 고침 받은 일이 있었습니다. 그분은 콩고에 선교사로 갔다가 간암에 걸려 고향으로 돌아와 절망의 나날을 보내고 있었습니다.

목사님은 양지 바른 곳에 침대를 두고 따뜻한 햇볕을 받으며 성경을 읽고 있었습니다. 그런데 어느 순간 목사님의 마음이 환해지더니 벧전 2:24절의 말씀이 강하게 와 닿았습니다. "저가 채찍에 맞음으로 너희는 나음을 얻었나니"라는 말씀을 보는 순간 성령님의 음성이 목사님의 마음에 울렸습니다.

"사랑하는 아들아, 내가 로마 군인들에게 등이 갈기갈기 찢어지도록 채찍을 맞았다. 그리고 내가 너를 대신해서 질병의 형벌을 청산했다. '저가 채찍에 맞음으로 너희는 나음을 얻었나니' 이것을 믿느냐?" 성령님의 음성을 듣자마자 목사님은 병이 고침을 받았다는 확신으로 가슴이 뜨거워졌습니다. 그래서 그 목사님은 즉시 부인을 불러 활기찬 목소리로 분명하게 말했습니다.

"이 성경 말씀을 보시오. 저가 채찍에 맞음으로 나음을 입었다고 기록되어 있지 않소, 이 말씀을 통하여 하나님의 성령께서 내게 말씀하셨소. 나는 이제 간암 환자가 아니오. 하나님께서 고쳐주신 정상인이오. 정상인이 드러누워 있을 수만 없지 않소. 이제 나는 새로운 힘을 입어 일어나 활동해야겠소." 그리고는 자리에서 일어나 주님의 일을 하기 시작했습니다. 그리고 목사님은 곧 건강을 회복하게 되어 전보다 많은 일들을 더 열심히 하게 되었습니다.

성도 여러분, 이렇게 말씀을 문자적으로 믿으면 놀라운

표적이 일어납니다. 그러므로 우리 모두 말씀을 문자적으로 믿고 걸음(페리파테오)으로 놀라운 표적을 체험합시다.

3. 말씀을 행함으로 암에서 치유 받은 사건

나이가 겨우 36세밖에 안 되는데 암에 걸린 침례교 여성도를 한 분 알고 있습니다. 그녀는 침대에 누워 있어서 별로 오래 살 것 같지가 않았습니다. 신유에 대해 깨닫게 된 침례교 목사님이 매일 그녀를 심방해서 성경 말씀을 읽어주고 기도했습니다. 하지만 그녀는 여전히 침대에만 누워 있었습니다. 하루는 목사님이 집으로 가다가 말했습니다.

"주님, 이해가 안 됩니다. 무슨 말인가 하면, 우리는 주님의 치유하심을 믿습니다. 이 여성도는 내가 읽어주는 성경 말씀을 믿는다고 말했습니다." 그가 그 말을 하자마자 성령께서 그에게 말씀 하셨습니다. "아니다. 그녀는 성경 말씀을 믿지 않는다. 그저 지적으로 동의하고 있을 뿐이다. 만일 그녀가 말씀을 믿었다면 침대에서 일어나 집안일을 하고 있을 것이다."

이튿날 그가 그녀의 집으로 가서 성경 말씀을 읽기 시작했습니다. 그녀가 "네, 나는 그대로 믿습니다."라고 말했습니다. 그러자 목사님이 말했습니다. "아니오, 집사님은 믿지 않고 있습니다. 만일 집사님이 믿으셨다면 침대에서 일어나 집안일을 하고 있을 거예요." 그러자 그녀는 마치 목사님이 그녀의 뺨을 때리기라도 한 듯 깜짝 놀라 목사님을 쳐다보았습니다. 말귀를 알아들은 것입니다. 그녀는 "목사님, 옆방으로 가 계세요. 내가 일어나겠습니다."하고 목사님께 말했습니다. 그녀는 일어나서 실내복을 입었고 목사님은 떠났습니다. 남편이 집에 돌아왔을 때 아내는 건강한 모습으로 일어나서 저녁을 준비하고 있었습니다. 그 침례교 목사님이 나(케네스 해긴)에게 말했습니다. "19년의 세월이 흘러갔는데, 그녀는 아직도 치유가 된 그대로 건강하게 지내고 있습니다. 집안일도 잘하고 있고요."

혹자는 이렇게 말할는지 모르겠습니다. "아, 나도 그렇게 해보았으면 좋겠네." 그렇게 해보는 것으로는 역사가 일어나지 않습니다. 그녀는 해보려고 하지 않았습니다. 그대로 했습니다. 그녀는 말씀을 그녀의 영 속으로 들어가게 했습니다. 하나님께서 말씀하신 것에 그저 지적으로 행동한 게 아니었습니다. 그녀는 실제로 말씀을 그대로 믿었던 것입니다.

성도 여러분! 우리도 말씀을 인정하는 것만으로는 부족합니다. 말씀이 영 속으로 들어가야 합니다. 말씀이 영 속으로 들어갔다는 것은 행동으로 움직이는 것을 말합니다. 그녀가 말씀을 믿고 행동으로 움직이자 표적이 일어났습니다. 그러므로 우리 모두 말씀을 믿고 걸음(페리파테오)으로 기적을 체험하시길 바랍니다.

4. 행함으로 중풍에서 치유 받음

인도 선교사로 잘 알려진 스텐리 존스 목사님은 긍정적인 믿음을 가지신 분으로 유명합니다. 존스 목사님은 모든 일을 긍정적인 마음으로 받아들여 건강하게 살았으나 89세가 가까웠을 때 갑자기 중풍으로 쓰러졌습니다. 존스 목사님은 수 개월 동안 자리에서 일어나지 못하고 말도 하지 못했습니다. 그는 간호사에게 부탁했습니다. 아침이든 낮이든 자신을 보면 "나사렛 예수 이름으로 일어나 걸어라."라고 말해 달라고 말입니다.

목사님은 자신은 온몸이 마비되었기 때문에 하고 싶은 말을 할 수 없었습니다. 그래서 그 믿음의 말을 간호사가 하도록 부탁하였던 것입니다. 그래서 간호사들은 존스 목사님을 보면 언제나 "나사렛 예수 이름으로 명하노니 일어나 걸으라"고 말해 주었고 그러면 목사님은 "아멘"으로 대답을 했습니다.

이 일을 아는 사람들은 모두 웃었습니다. 그러나 존스 목사님은 입으로 하는 말의 힘이 얼마나 큰 지를 아는 분이었습니다. 그는 아직 완전히 낫지는 않았지만 인도의 히말리아 산지로 휴양을 갔습니다. 그곳에서 가서도 목사님은 계속해서 간호사들과 함께 힘을 합쳐서 "나사렛 예수 이름으로 명하노니 일어나 걸어라"고 되풀이하여 말했습니다. 그렇게 지낸지 얼마 후였습니다.

89세인 노인 존스 목사님은 중풍에서 완전히 나았습니다. 그것은 입술로 고백한 힘이었습니다. 성도 여러분, 우리도 문제 있을 때 존스 목사님과 같이 입술로 말씀을 선포해 놀라운 다바르(말대로 되는 것)의 역사를 체험합시다.

5. 행함으로 폐병에서 치유 받음

1930년대 초에 한 젊은 오순절 교단 부흥사가 폐병으로 죽어가면서 한 말입니다. 그는 자기 이야기를 내게(케네스 해긴 목사) 직접 말해 주었습니다. 그는 양쪽 폐를 통해 출혈을 하면서 침대에 누워 있게 되었습니다. 그는 그의 장인의 농장에서 살기 위해 그의 가족과 함께 그곳으로 이사해야만 했습니다.

어느 날 그의 장인은 들에 나가서 밭을 갈고 있었고 사모님과 장모님은 집에서 설거지를 하고 있었습니다. 이 젊은 부흥사는 하나님께 애원하기를 침대에서 나가서 4분의 1마일쯤 길을 따라가서 그곳에 나무와 풀로 거처를 만들 수 있는 힘을 달라고 했습니다. 그는 마음속 깊이 이제 기도하여 병을 치료받거나 가족들이 내가 죽어 있는 것을 발견하거나 둘 중에 하나가 되도록 결심하였습니다. 그는 덤불까지는 이르렀으나 기진하여 쓰러지고 말았습니다. 비록 그가 원했다 하더라도 그는 도움을 요청할 소리를 지를 수도 없었습니다. 아무도 그가 어디에 있는지를 몰랐습니다.

"죽은 시체를 찾는 독수리가 그들을(가족들을) 내게로 인도할 때까지 그들은(가족들) 너를 찾지 못할 것이다."라고 마귀가 분명히 말했습니다. "그래 좋다, 마귀야! 내가 여기까지 온 이유를 알려주마! 내가 조금만 힘을 다시 얻기만 하면 나는 치료 받을 때까지도 기도하거나 이 자리에서 죽기까지 기도할 것이다." 그가(폐병환자 목사님) 말했습니다. 그리고 나는 거기에 누워 있었지요. 기도를 시작할 힘이 조금 생기기를 기다리면서 나는 이런 생각을 하게 되었습니다.

"나는(환자 목사님) 가는 곳 마다 병 고침을 받으려고 기도 요청을 카드에 적어 제출했었다. 수백 명이 나를 위해 중보기도했다. 아니 수천 명이 기도했다. 미국의 모든 신유 전도자들은 내게 손을 얹었다. 모두가 기도해 주었다" 만일 이 모든 기도를(중보기도) 다 합한다면 수백 시간이 되었을 것입니다. 이 모든 위대한 믿음의 사람들이 내게 안수했습니다. 하나님은 신유 전도자들을 사용하십니다. 나는 이렇게 결단을 내렸습니다.

"나의 하나님! 내가 무엇인가를 잘못했습니다! 나는 이제 더 이상 기도하지 않겠습니다. 내 기도는 아무 소용이 없습니다. 나는 내가 어디서 잘못 되었는지를 알게 되었습니다. 나는 그 기도 요청하는 카드들을 제출하지 말았어야 했습니다. 나는 지금까지 다른 사람이 누군가 나를 위해 기도해 주기를 바랐습니다. 나는 하나님께서 이미 내 것이라고 말씀 하신 그것을 내게 달라고 애원하였던 것입니다. 성경은 내가 치료 받았다고 말하고 있습니다. 주님! 나는 여기 누워서 당신을 찬양하려고 합니다. 나는 치료가 나타날 때까지 당신을 찬양하렵니다." 나는 단지 속삭이기 시작했습니다.

'주님을 찬양합니다. 하나님께 영광을 돌립니다. 할렐루야! 예수님 감사합니다.' 한 10분간 '예수님 감사합니다.'를 속삭인 후 나는 팔꿈치를 땅에다 대고 팔을 들 만한 힘을 얻었습니다. 그리고 나서 또한 10분간 하나님을 찬양하였습니다. 그리고 나는 두 손을 들었을 뿐만 아니라 목소리도 더 크게 높일만한 힘을 얻었습니다. 두 시간이 지난 후에는 나는 내 발로 일어서서 '하나님을 찬양합니다.'라고 어찌나 크게 소리를 질렀는지 몇 마일 떨어진 곳에 사는 사람도 그 소리를 듣게 되었습니다. 보십시오! 그는 하나님의 말씀이 말씀하고 있는 바에 합심하여 하나님의 말씀대로 믿고 행하였던 것입니다. 그러자 치료가 되었습니다.

성도 여러분, 이렇게 하나님의 말씀에 의지해 행하(페리파
테오)면 많은 사람들이 중보 기도하는 것보다 더 큰 역사가
나타납니다. 그러므로 질병에 걸렸다 해도 당황하지 마시
고 말씀을 믿고 걸으며 기도해 보시기 바랍니다. 그러면 틀
림없이 치료가 임할 것입니다.

6. 행함으로 소아마비에서 치유 받음

1950년대 초에 내가(케네스 해긴) 텍사스에서 집회를 하고
있을 때 한 여자가 휠체어를 타고 예배에 참석하였습니다.
1950년에는 소아마비 왁진이 아직 발명되지 않았습니다.
그런데 이 부인만 소아마비에 걸린 게 아니라 그녀의 여섯
살 된 딸까지도 소아마비에 걸려서 걷지를 못했습니다. 우
리 집회에서 어린 딸은 치유가 되었습니다. 엄마의 무릎에
서 뛰어내려 교회의 의자 사이 통로를 달렸습니다. 하지만
어머니는 여전히 휠체어를 타고 있었습니다.

그런데 내가 안수를 해주자 그 어머니가 성령을 받고 방

언을 하였습니다. 나는 그녀에게 말했습니다. "자매님은 성령세례를 받고 방언을 한 것과 똑같이 쉽게 치유를 받을 수 있습니다. 따님이 받은 것과 똑같이 쉽게 받을 수 있습니다." 그녀가 말했습니다. "해긴 목사님, 저도 그렇게 믿을 수 있다면 좋겠어요." 그녀는 구원을 받았고, 성령충만도 받았습니다. 하지만 치유 받는 것이 그렇게도 쉽다는 것을 믿지 못했습니다. 그리하여 그녀는 계속 의자 신세를 면치 못했습니다.

16년이 지난 어느 날 그녀에게서 이런 편지를 받았습니다. "해긴 목사님! 제가 휠체어를 벗어 던졌다는 사실을 알려 드리고 싶습니다." 그녀가 고침 받는 데는 여러 해가 걸렸습니다. 하나님께서 그녀를 고치는데 그토록 오랜 시간이 걸린 것이 아니라 그녀가 그처럼 오랜 시간이 걸려 믿었던 것입니다. 그녀가 이처럼 점진적으로 치유를 받은 것은 그녀가 진리의 말씀을 점진적으로 붙잡았기 때문입니다. 만약 그녀가 딸처럼 즉석에서 믿었더라면 그녀도 그 자리에서 일어났을 것입니다.

성도 여러분! 우리는 성령 충만하면 모든 문제가 해결되는 것으로 아는데 사실은 그렇지 않습니다. 충만해도 믿음과 축사는 필요한 것입니다. 그러면 이 여인과 같이 16년 후에 치료를 체험하는 것이 아니라 그녀의 딸처럼 그 자리에서 치료를 체험할 수 있습니다. 그러므로 우리 모두 말씀을 그대로 믿고 걸음(페리파테오)으로 기적을 체험하는 자가 됩시다.

7. 해긴 목사님이 치유 받은 방법

해긴 목사님이 막 11:23-24절을 깨닫고 1월부터 말씀을 믿기 시작하여 그해 8월 첫째 주까지 말씀을 믿었음에도 그의 병은 낫지 않았습니다. 그런데 그 원인을 8월 둘째 주가 되어서야 알게 되었습니다. 그 내용을 잠시 말씀드리겠습니다.

나는 어떻게 해야 믿는 것인지 내가 아는 한도 안에서 믿기는 했는데 그것을 충분히 알지는 못했습니다. 어떤 사람은 기도는 하지 못해도 믿음을 가질 수 있습니다. 성경에는 "믿음은 들음에서 나며 들음은 그리스도의 말씀으로 말미암느니라(롬 10:17)."라고 되어 있습니다. 우리에게는 말씀에 대한 지식이 필요합니다. 말씀을 아는 지식의 이러한 빛이 비칠 때 믿음은 자동적으로 생깁니다.

그 순간 나는 마가복음 11:24이 무엇을 의미하는지 정확히 보게 되었습니다. 그때까지 나는 실제로 고침 받을때까지 기다리려고 했습니다. 나는 내가 나았는지 어떤지 확인하기 위해 내 몸을 바라보고 심장 박동을 확인하고 있었습니다. 그러나 나는 그 구절이 너희가 기도할 때 믿어야 한다고 말하고 있는 것을 보았습니다. 갖게 되는 것은 믿고 난 후에 오는 것입니다. 나는 그것을 거꾸로 하고 있었습니다. 나는 먼저 받은 다음에 믿으려고 애쓰고 있었습니다. 그것이 바로 대부분의 사람들이 하는 방식입니다.

"이제 알았어요, 알겠어요!" 나는 기쁨으로 말했습니다. "난 내가 뭘 해야 할지 알았어요. 주님! 내가 여전히 여기 이 침대 위에 누워 있을지라도 여전히 내 심장이 제대로 뛰지 않을지라도 나는 내 심장이 나았다고 믿어야 해요. 내가 여전히 여기 무기력하게 납작 누워 있는 동안에도 나는 내 마비증세가 없어졌다는 것을 믿어야 하는 거예요."

"나는 주님께서 나의 기도를 들으셨다는 것을 내 심령으로 믿습니다. 나는 내 심장이 고침 받았고 나의 마비 증세가 사라졌다는 것을 믿습니다! 나는 내 육체가 고침 받았다는 것을 심령으로 믿습니다. 내가 이렇게 말할 때 마귀는 끊임없이 부정적인 생각을 넣어 주었습니다. 그러나 나는 하나님께 감사합니다. 나는 고침 받았습니다."라고 말했습니다.

나는 내 두 손을 들고 하나님을 찬양했습니다. 잠시 나는 내 심장이 제대로 뛰고 있는지 살펴보기 시작했지만 나는 다시 자제하고 느낌이 아니라 믿음으로 나아가리라고 선언했습니다. 나는 내 심장이 나았다고 계속 고백했습니다. 나는 이런 식으로 10분 정도 주님을 찬양했습니다.

그때 성령께서 내 속에 내적 증거로 말씀하셨습니다. "너는 네가 고침받았다고 믿고 있어. 네가 만약 고침 받았다면 일어나 침대 밖으로 나가야 할 거야." 나는 그 말이 옳다고 여겼고 그래서 나는 손을 짚어 내 몸을 앉는 자세로 일으켰습니다. 이어서 몸을 굽혀 다리를 잡은 다음, 침대 옆으로 걸쳐 내려놓았습니다. 발에 감각은 없었지만, 다리를 볼 수는 있었습니다. 이어서 나는 내가 서서 걸을 것이라고 말했습니다. 나는 침대 기둥을 잡고 몸을 일으켰습니다. 방이 빙빙 돌기 시작했는데 16개월 동안이나 그 침대에 누워 있었기 때문이었습니다. 나는 눈을 감고 침대 기둥을 팔로 감싸 안은 채 몇 분 동안 그렇게 서 있었습니다. 마침내 나는 내 눈을 떴고 모든 것이 빙빙 돌던 것이 멈췄습니다.

나는 내가 고침 받았고 걸을 것이라고 선포했습니다. 내 두 다리에 감각이 돌아오기 시작했습니다. 마치 2백만 개의 핀이 콕콕 찌르는 것 같았습니다. 신경이 다시 살아나고 있었습니다. 마비되었던 다리에 감각이 돌아오는 것이 너무 놀라웠기 때문에 고통스럽게 찌르는 듯한 통증에도 불구하고 나는 매우 기뻤습니다. 잠시 후 통증이 사라지고 정상이 되었습니다.

해긴 목사님은 이렇게 혼자 이틀 동안 걷는(페리파테오) 연습을 가족 몰래하다가 3일째되는 날에 가족들이 아침 먹기 위해 앉아 있는 식탁에 혼자 걸어가 앉아 식사를 했고 그 뒤 87세까지 건강하게 살다가 소천하셨습니다.

성도 여러분, 치료는 이처럼 페리파테오(걸음)로 이루어집니다. 그러므로 몸이 좋지 않으신 분들은 몸이 병약하다하여 누워만 있지 마시기 바랍니다. 해긴 목사님처럼 채찍에 맞음으로 나았다는 말씀을 믿는다면 일어나 걸으십시오(페리파테오). 운동하십시오. 그러면 치료가 임합니다.

제 **4** 장

긍정적인 고백으로 암과 병에서 치료 받은 사람들

1. 예수 이름을 가지고 기적을 창출하자

일본인 저자가 쓴 '대뇌혁명'이라는 책을 보면(행복 플러스에서 방영한 것) 저자는 의사인데 그 병원에 가면 주사와 약도 없다고 합니다. 사람들은 암 선고를 받고 치료를 받다 더 이상 방법이 없을 때 마지막으로 그 병원을 찾아간다고 합니다. 그런데 그 병원에 가면 평균 67%가 6개월만에 암과 불치병들이 치료를 받는다고 합니다.

그런데 그가 제시하는 방법이란 단지 말로써 하는 것인데 이렇게 한다고 합니다. 5분 동안 하루에 3번 아픈 환부에 손을 얹고 문지르며 명령하길 '암아 내가 너를 죽인다. 너는 죽었다. 네가 나를 죽이는 것이 아니라 내가 너를 죽인다. 너는 지금 죽었다'하고 명령을 한다고 합니다. 그러면 거짓말 같이 6개월 안에 불치병들이 치료가 된다는 것입니다.

그는 말하길 '우리가 이렇게 명령을 하면 우리의 뇌에서 암세포보다 더 강력한 처방약인 세포가 분비되기 시작해 암세포를 죽인다.'는 것입니다. 그런데 문제는 이렇게 하루에 5분 동안 세 번을 말로써 명령하는 것이 그리 쉽지 않아 대부분의 사람들은 하루에 1분도 이렇게 하지 못해 결국 암과 불치병으로 죽는다는 것입니다.

그는 말하길 그런데 이렇게 우리가 말로써 명령을 하되 속으로 생각으로 말해서는 안 된다는 것입니다. 왜냐하면 우리의 뇌가 그 소리를 듣지 못해 강력한 세포를 분비하지 못하기 때문이라 합니다. 그러므로 말을 할 때는 반드시 소리를 지르면서 하라는 것입니다.

그래서 그 강사 분은 말하길 자기는 날마다 이렇게 말한다고 합니다. '난 암과 불치병과 성인병으로 결코 죽지 않는다. 오히려 암은 나에게 죽는다' 날마다 하루 세 번 5분씩 문지르며 명령한다고 합니다. 그분은 또 말하길 우리가 성공을 목표로 정하고 이렇게 하루에 세 번 5분만 소리 내어 명령을 하면 성공도 반드시 한다는 것입니다.

성도 여러분, 믿지 않는 사람도 말로써 명령해 이런 기적을 체험하고 창출한다면 우리는 예수를 믿는 하나님의 자녀이며, 하나님의 이름의 권세를 가진 성도들입니다. 그렇다면 우리가 예수 이름을 가지고 하루에 아침과 저녁으로 5분만 선포한다면 반드시 다바르(선포한 대로 이루어지는)의 역사는 67%가 아닌 100% 나타나게 될 것입니다. 그러므로 이제부터 우리 모두 예수 이름을 가지고 선포해 날마다 기적을 창출하는 자가 됩시다.

2. 하나님이 당신 안에서 행하신다는 고백으로 암을 치유함

얼굴 한쪽에 악성 종양이 생겼던 사람의 이야기가 생각납니다. 그 종양은 커다란 자주빛 가지나무처럼 생겼는데 그의 머리만한 크기까지 자랐습니다. 의사들은 그걸 만지려고 하질 않았습니다. 예진을 했었는데 그대로 내버려 둬야 좀 더 살 거라고 말했습니다.

그 남자는 신유를 믿었기 때문에 치유집회라는 집회는 다 참석을 해봤습니다. 치유 전도자들이 그에게 안수를 했었습니다. 목사님이 기름을 바르고 기도를 해주었습니다. 수많은 사람들이 기도를 해 주었습니다. 그러던 어느 날 목사님께서 나에게 말했습니다. "내가 보니까 그 종양이 아직 그대로 있긴 하지만 줄어들기 시작했어요. 줄어들고 있는 게 보였어요. 온 교회 사람들이 다 볼 수 있었지요.

약 3,4개월 지나니까 종양이 점점 더 작아졌어요, 마침내 어느날 그 남자가 교회에 나왔는데 그의 얼굴에 전혀 아무런 이상이 없었습니다. 그 종양이 흔적도 없이 사라져 버렸고, 그의 얼굴의 모든 피부는 신생아 피부처럼 보였습니다!

목사님이 어떻게 된 거냐고 그에게 물었습니다. 자기가 성경을 읽어가다가 빌 2:13절을 보게 되었는데, 아침마다 거울을 볼 때 그 종양에다 손을 얹고 "하나님이 이 종양 안에서 역사하고 계신다. 빌 2:13절에 내 안에서 행하시는 이는 하나님이시라고 했는데, 하나님께서는 내 영 안에서 행하실 뿐 아니라 또한 내 몸 안에서도 치유로 행하고 계신다."라고 말했습니다.

날마다 주간마다 계속 그 말을 하고 또 하고 했습니다. 약 3개월쯤 하고 나니까 그 종양이 줄어들기 시작하는 게 보였습니다. 그러다가 마침내 그 모든 것이 깨끗이 사라져 버렸습니다. 하나님께서 그 분에게 복을 주시려고 특별히 선별해 내신 게 아닙니다. 그 사람은 말씀을 보았고, 말씀을 읽었고, 스스로 말씀을 믿기 시작했습니다. 그러다가 말씀이 말한 치유를 받았던 것입니다.

성도 여러분, 우리도 이 사람처럼 손으로(반드시 손을 대고 해야 함) 문지르며 하루 종일 하나님이 종양 속에서 치유로 역사하고 계신다고 고백함으로 기적을 체험합시다.

3. 말씀을 굳게 잡고 입으로
고백해서 암을 치유함

1981년 조엘 오스틴의 어머니는 간암에 걸렸습니다. 의사들은 몇 주밖에 살지 못한다고 했습니다. 이 소식을 안 어머니는 불평과 패배의 말을 하는 대신 하나님의 말씀을 마음과 입에 두기 시작했습니다. 어머니는 믿음으로 충만한 말을 하기 시작했습니다.

건강과 치유를 외치는 어머니의 목소리를 하루 종일 들을 수 있었습니다. "나는 죽지 않고 살 거야. 나는 하나님의 역사하심을 선포할 거야." 어머니는 걸어 다니는 성경이셨습니다!

언젠가 나는 이렇게 물었습니다. "어머니, 도대체 어떻게 죽지 않으시겠다는 거예요?" "얘야, 나는 주님과 그분의 권능 안에서 누구보다도 강하단다."

어머니는 성경을 열심히 찾으시다가 가장 좋아하는 치유의 말씀을 30-40개 정도 찾아내 종이에 적어 매일 큰 소리로 읽고 선포하셨습니다. 어머니가 하나님의 말씀과 자신의 말을 섞어 사용하시자 놀라운 일이 일어나기 시작했습니다. 상황이 변하기 시작했습니다. 조금씩 병세가 호전되기 시작했습니다. 점차 식욕이 돌아오고 몸무게가 불어나기 시작했습니다. 내가 이글을 쓰고 있는 지금 며칠밖에 살지 못한다는 사형선고를 받은 어머니가 20년 동안 살고 계십니다.

성도 여러분, 이렇게 하나님의 말씀과 자신의 말을 섞어 하루 종일 고백함으로 조엘 오스틴 목사님 어머니처럼 병에서 치료 받읍시다.

4. 긍정적인 고백으로 종양이 치료되다

프라데렉 프라이스 목사님은 현재 성도 수가 2만 명이 넘는 LA 크렌쇼 크리스천센터 교회의 흑인 목사님으로 미국에서 "날마다 증가하는 믿음"이라는 제목으로 라디오와 TV에서 설교 중이십니다. 이 목사님도 한때 왼쪽 가슴에 종양이 생겨 고생하다가 300일 만에 믿음과 긍정적인 고백으로 치료받았는데 어떻게 그분이 믿음과 긍정적인 고백을 통해 치료받았는지 살펴보도록 하겠습니다.

종양이 발견된 이후 나는 "저가 채찍에 맞음으로 너희는 나음을 얻었도다(벧전 2:24)하는 말씀과 기도하고 구한 것은 받은 줄로 믿으라(막 11:24)"라는 말씀을 붙잡았습니다. 그리고 나는 내 방에서 성경을 들고 서서 성부, 성자, 성령 하나님과 모든 하늘의 천사들과 지옥과 사탄의 모든 귀신들 앞에 선포했습니다. "오늘부터 나는 막 11:24절과 마 8:17절과 시 107:20절과 벧전 2:24절 말씀 위에 굳게 서서 선포하노니, 나는 이 상태에서 치유를 받은 것으로 믿노라. 이 종양이 그것이 무엇이든지간에 예수님의 이름으로 죽었음을 믿노라. 예수님의 이름으로 그것을 저주하노라. 이 종양은 말라 죽을지어다."

이렇게 선포하기 시작한것이 그해 1월이었습니다. 1월이
가고 2월이 되었습니다. 나는 60일 동안 매일 기도 때마다
계속 이 말을 선포했습니다. "하나님 아버지 감사합니다.
나는 고침 받은 줄로 믿습니다. 나는 1월에 이 상태에 대
해 치유를 받았으며, 그래서 나는 고침 받은 것으로 믿습니
다." 그리고 1월이 가고 2월이 가고 3월이 가고 6월이 되었
지만 종양은 점점 더 크게 자랐고, 무서운 통증은 말할 수
없이 심했고 마귀는 온갖 종류로 내 몸을 쏘아대고 있었습
니다. 마귀는 매일 같이 말하길 "기분이 어때? 그다지 좋아
보이지 않는데 넌 죽을 거야, 프라이스 씨, 말씀은 역사하지
않아. 그렇지 않다면 왜 너에게는 역사하지 않느냐?" 마귀
는 이렇게 매일 같이 내 마음을 공격했습니다.

그럴 때마다 나는 말했습니다. "마귀 씨, 네가 무슨 말을
하든지 나는 상관없어. 하나님의 말씀에 주의 말씀이 영원
히 하늘에 굳게 섰다(시 119:89)하셨다. 그러므로 나는 나음
을 받았다. 그리고 나는 그것을 믿어. 나는 내가 받은 줄로
믿는단 말이야." 6개월 동안 나는 이 말만 계속했습니다.

"나는 내가 나은 줄로 믿어. 나는 내가 나은 것으로 믿는다." 긴 이야기를 줄여 말하면 11월까지 300일이 넘게 나는 계속 이렇게 말했습니다. "나는 내가 나은 줄로 믿어. 나는 내가 나은 줄로 믿습니다. 나는 나은 줄로 믿습니다." 주목하세요! 나는 늘 현재시제로 그 말을 하였습니다. "나는 내가 나은 줄로 믿습니다." 육신적으로는 내가 나았다는 느낌이 들지 않았습니다. 나는 나은 것처럼 보이지 않았습니다. 나는 말씀에 생명을 걸었습니다.

많은 사람들이 치유 받지 못하는 이유가 거기에 있습니다. 그들은 실제로 말씀에 생명을 걸지 않기 때문에 계속 믿는 것을 포기합니다. 그리하여 11개월 즉 300일하고 며칠이 더 지난 후에 내가 여느 때와 같이 샤워를 하면서 수건에 비누칠을 하여 씻고 있었습니다. 나는 통증이 있었던 옆구리 쪽을 씻고 있었는데, 통증을 느끼지 못했습니다. 내가 가슴을 문지르고 수건을 내린 다음 보니 종양이 없어졌습니다. 사라져 버린 것입니다. 그게 언제 없어졌는지 모릅니다. 분명한 것은 내가 잠자리에 들 때는 그것이 있었습니다. 바로 내가 잠자는 동안 그게 어느 때엔가 떠났던 것입니다.

성도 여러분! 우리도 프라이스 목사님처럼 하루 종일 300일 동안 말씀에 목숨을 걸고 인내하며, 현재시제로 선포하십시오. 그리고 시간이 걸리더라도 긍정적인 고백만 하루종일 하세요. 아무리 마귀가 부정적인 생각으로 미혹하더라도 말입니다. 그러면 놀라운 표적이 당신에게 일어날 것입니다.

5. 긍정적인 고백을 통해 치료 받은 이야기

얼마 전에 편지 한 통을 받았는데, 그것이 당신에게 격려가 되고 축복이 될 것이기 때문에 함께 나누고 싶습니다.

존경하는 해긴 목사님! 제 남편이 목사님의 사역을 통하여 치유를 받았습니다. 남편과 제가 수년 동안 하나님께 빌고, 간구하였지만 소용이 없었습니다. 그런데 치유는 우리가 이미 가진 것임을 깨닫고, 그 말씀 위에 서기로 결심했을 때, 제 남편의 치유가 나타나기 시작하는 데는 겨우 몇 개월밖에 걸리지 않았습니다. 우리는 말씀을 우리 자신들에게 선포함으로써 말씀 위에 섰을 뿐만 아니라, 또한 그것을 다른 사람들에게도 선포하였습니다.

제 남편이 처음 병을 얻은 것은 나이 40인 1970년이었습니다. 진단 결과 앉은뱅이는 아니지만 굉장히 고통스러운 형태의 관절염이었습니다. 지난 5년 동안 남편은 꼼짝없이 침대에 있어야만 하였습니다. 그가 일어나는 때라고는 화장실에 가거나 의사를 보러 가거나, 고통이 너무 심하여 완화제를 얻기 위해서 병원에 가는 때뿐이었습니다. 지난 2,3년 동안은 그의 다리와 발에 추가로 신경증세가 발생하여 어찌나 고통스럽던지 잠을 잘 수가 없었습니다. 끊임없이 그의 몸을 괴롭히는 그 무자비한 고통 때문에 그가 흐느껴 우는 소리에 제가 잠을 깬 적이 한두 번이 아니었습니다. 2년 전에 우리는 예수님을 믿고 거듭난 신자가 되었으나, 남편의 몸에는 아직 아무런 변화도 없었습니다. 제가 해긴 목사님의 책들을 사서 읽기 시작했는데도 아무런 변화도 없었습니다. 마침내 약 3개월 전에 목사님의 저서인 "봄철의 믿음의 양식"을 읽던 중 깨달음이 왔습니다.

우리는 예수님으로 말미암아 승리를 고백하기 시작했습니다. 그리고 성령 충만한 교회에 등록했습니다. 장로님들이 오셔서 남편에게 기름을 바르고 기도해 주셨습니다. 치유의 징후가 나타나지 않았지만 우리는 계속해서 믿음의 고백을 했습니다. 그런데 2주 전에 통증이 갑자기 사라졌습니다. 며칠 후에는 그의 발에 무감각증이 없어지기 시작했습니다. 그리고 일주일 전에는 그가 뒤뜰의 나무를 손질했습니다. 오늘은 남편이 우리 차를 운전했습니다. 그는 이제 통증이 없습니다. 하나님께 감사드립니다.

　성도 여러분, 이 남편이 치유를 받을 수 있었던 것은 치유는 우리가 이미 가진 것임을 깨닫고 그 말씀 위에 서기로 결심했을 때 남편의 치유가 나타나기 시작해 치유 되는 데는 겨우 몇 개월밖에 걸리지 않았습니다. 그 분은 치유의 말씀을 자신에게 선포하였고 또한 그것을 다른 사람들에게도 선포하였습니다. 이렇게 고백해서 그 분은 치유를 받았습니다. 우리도 이렇게 고백해 치유 받고 건강하게 삽시다.

6. 말씀을 인용해 암에서 치료 받은 여인

톰 브라운 목사님 교회에 매리라는 한 여집사가 있었습니다. 그녀는 1986년 가슴에 심한 통증을 느끼기 시작했습니다. 그래서 간절히 기도했더니 예수님께서 환상 가운데 나타나 손에 못 자국을 보여 주었습니다.

순간 매리는 생각했습니다. "오! 이런 주님을 보았으니 이제 죽겠구나!" 이 환상 때문에 매리는 주님께서 자신을 천국으로 데려가기 위해 오셨다고 생각하고 살겠다는 의지를 포기했습니다. 그런데 매리의 친구가 찾아와 그 환상을 바로 깨닫게 도와주었습니다. 예수님께서 나타난 것은 당신을 데려 가시겠다는 것이 아니라 그분이 당신의 질병을 친히 지셨다는 뜻이라고 말입니다.

그 자매는 가장 중요한 말을 매리에게 해 주었습니다. "죽음에 대해서는 말하지 마세요. 생명과 치유를 말하세요." 매리는 그렇게 했지만 증세는 더 악화되었습니다. 마침내 매리는 의사를 찾아갔습니다. 의사는 말하길 "부인! 암입니다. 불행히도 말기입니다. 전혀 가망이 없습니다."

의사의 부정적인 진단에도 불구하고 매리는 이렇게 선언하기 시작했습니다.

"암은 죽었어! 종양은 쪼그라들고 있어! 난 죽지 않고 살아서 주님의 영광을 선포할 거야." 하고, 그녀는 시 118:17절을 선포했습니다. 의사에게는 어리석은 소리처럼 들렸을 것입니다. 그러나 의사들이 깜짝 놀랄 일이 일어났습니다. 마침내 암이 사라져 버렸습니다. 1988년 의사들은 매리가 건강하다는 진단서를 끊어 주었습니다. 매리는 지금도 건강하게 살아 있으며 주님을 위해 열심히 일하고 있습니다.

매리를 비롯해 매리와 같은 사람들은 말로써 스스로를 건강하게 만들었습니다. 불행하게도 어떤 사람들은 말로써 자신을 죽이고 있습니다. 당신의 말은 살리고 죽이는 능력이 있습니다. 당신의 말은 당신에게 유익은 물론 해도 끼칠 수 있는 강력한 도구입니다. 그러므로 당신의 말이 당신에게 유익을 끼치게 하십시오.

성도 여러분, 이렇게 말기 암에 걸렸음에도 불구하고 말씀을 믿어 하루종일 긍정적인 고백을 하자 병이 치료된 것입니다. 그러므로 어떤 병에 걸렸든지 당황하지 마시고 말씀을 인용해서 하루종일 고백하시길 바랍니다. 그러면 어떤 병도 다 치료가 됩니다. 우리도 매리처럼 이렇게 고백합시다. "암은 죽었어! 종양은 쪼그라들고 있어! 난 죽지 않고 살아서 주님의 영광을 선포할 거야!"

제 **5** 장

자생자답 기도로
치료 받을 수 있다

1. 저의 치료의 방법

제가 (오흥복 목사) 어떻게 해서 단 한 번의 기도로 치료가 되었는지 말씀을 드리고자 합니다. 이렇게 치료가 된 것은 자생자답 기도로 된 것인데 여기서 자생이란 혼자 상상하며 생각하며 하는 기도를 말하고, 자답이란 자신이 생각한 것에 대하여 본인 스스로 대답하는 것을 말합니다.

제가 아플 땐, 저는 이렇게 하며 축사를 했고, 치료를 명령하는 선포를 했습니다. 먼저 아픈 곳에 제 손을 얹었습니다. 그리고 제가 축사하는 동안 질병의 귀신이 듣고 있다고 상상을 했습니다. 물론 저의 눈에는 귀신이나, 마귀나, 천사가 보이지 않았습니다. 다만 성경에 나와 있는 귀신을 그냥 혼자 상상하며, 귀신이 있다고 상상했을 뿐입니다. 그러므로 누구나 이렇게 할 수 있습니다.

저는 귀신이 듣고 있다고 자생 (생각)하고 "예수의 이름으로 속 쓰리고, 아프게 하고, 열나게 하는 귀신아! 너는 내게서 떠나가라!" 하고 명령했습니다. 그리고 이 말이 (선포가 끝난 후) 끝나기 무섭게 귀신이 제 말을 듣고 알아들었다는 뜻으로, 귀신이 고개를 끄덕인다고 상상했습니다. 그 다음 고개를 끄덕이던 귀신이 고개를 들며 "알았다! 이제 내가 나갈 테니 더 이상 축사하지 마! 무서워."하고 말한다고 혼자 자답(내 자신이 대답하여 말하는 것)했습니다. 그러나 이것은 순전히 제가 말을 만들어 자답한 것입니다. 다시 말해 제가 축사할 때 귀신이 듣고 있었다고 저 혼자 자생(생각)하며 축사를 했던 것입니다.

그리고 제 말이(축사) 끝나자 귀신이 알아들었다는 뜻으로 고개를 끄덕인다고 생각했습니다(자생자답). 그리고 고개를 끄덕이던 귀신이 곧바로 저의 말에 대답을 하기 위해 고개를 들며 "나간다."라고 대답했다고 혼자 생각했습니다. 이렇게 귀신이 고개를 끄덕일 때는 실제로 제 고개를 제가 끄덕이며 했습니다. 축사를 할 때 바로 이렇게 상상하며, 느끼며, 귀신과 대화하며 해야 합니다(자생 자답). 이렇게 할 때 귀신은 떠납니다.

그리고 곧 바로 세 번을 똑같이 위와 장을 향해 "너는 아프지 않고 건강하다. 그러므로 너는 예수의 이름으로 정상적인 기능 발휘를 하라!" 하고 선포했습니다. 그런데 제가 이렇게 기도할 수 있었던 이유는 우리가 '나'라 할 때 진짜 "나"는 내 영이 진짜 '나'이고, 육체는 '나'가 아닌 단지 내 영의 집이며, 내 영의 옷이며, 내 영의 껍데기이며, 내 영의 종이기 때문입니다. 다시 말해 내 육체는 내 영의 종이라는 말입니다. 그러므로 종인 육체는 주인인 내 영의 말을 들어야 하고, 순종해야 하는 것입니다. 그래서 이렇게 명령했던 것입니다. 그랬더니 진짜 깨끗하게 나았습니다. 역시 여기서 제가 육체의 기능을 향해 선포할 때도, 귀신에게 하는 방법과 똑같은 방법인 자생자답으로 했습니다. 저는 제 장과 위장이 귀로 듣고 있다고 생각하며 선포했습니다.

그리고 위와 장이 선포가 끝난 후 알아들었다는 듯이 고개를 끄덕인다고 혼자 상상했습니다(자생). 이렇게 하는 기도를 자생자답 기도라고 합니다. 즉 자신이 상상으로 생각하고 자신이 상상으로 대답하는 기도입니다. 그리고 곧 바로 위와 장이 제 선포 명령을 다 듣고 알았다는 뜻으로 고개를 숙였다가 이제 고개를 들며 "알겠습니다. 제가 정상적인 기능 발휘를 할 것입니다."라고 말한다고 자생했습니다. 그런데 이것은 순전히 제가 말을 속으로 만들어 한 말입니다(자답). 이렇게 자생자답하며 세 번을 말했습니다. 그랬더니 그 순간 나은 것입니다. 이렇게 고개를 끄덕일 때는 제 고개를 진짜 끄덕이며 했습니다.

이 책을 보시는 성도 여러분도 한번 해보시길 바랍니다. 첫 술에 배부를 순 없습니다. 그러므로 한번 해 보았더니 치료가 안 되더라 해서 포기하거나 실망하지 마시고, 몇 날이고 며칠이고 자생자답으로 계속해 보시길 바랍니다. 그러면 반드시 치유가 될 것입니다.

2. 안면 마비 치유

조카 은호 결혼식이 2019년 4월 27일날 있었는데 그때 사진 찍은 것과 또한 작년에 동해안으로 휴가를 가서 찍은 사진을 보니 제 왼쪽 입이 많이 돌아간 것이 보였습니다. 그리고 그해 6월이 되어서는 왼쪽 안면에 마비가 올려하고 입이 더 돌아가려 했습니다. 즉 구안와사가 오려 했던 것입니다.

그래서 저는 왼쪽 안면을 향해 "왼쪽 안면은 마비되지 말라."고 제가 왼쪽 안면에게 말했습니다. 그랬더니 왼쪽 안면이 "알겠습니다. 주인님!"하고 왼쪽 안면이 자생자답을 했습니다. 그리고 다시 구안와사를 행해 "입은 돌아가지 말라."하고 제가 제 입에게 말했습니다. 그랬더니 내 입이 "알겠습니다."하고 자생자답을 했습니다. 이렇게 세 차례를 했습니다. 그런데 놀라운 일이 벌어졌습니다. 그 순간 내 왼쪽 안면에서 어떤 찌릿한 반응이 왔습니다. 그리고 그 자리에서 즉시 안면이 마비되려 했던 증상이 사라지고 치료가 되었습니다. 그리고 그 이후 지금까지 단 한 번도 왼쪽에 마비되려 하는 증상이 오지 않았습니다.

그런데 여기서 "제 입이 알겠습니다. 주인님!"하고 대답한 것은 저 혼자 자생자답한 것이지 영안이 열려 본 것이 아닙니다. 여러분들도 여러분이 명령해 놓고 여러분이 속으로 대답하며 여러분의 머리로 끄덕이시기 바랍니다(자생자답). 그러면 진짜 치유가 임합니다. 저는 어떤 증상이 올 때마다 이런 식으로 기도하는데 그러면 그때마다 곧바로 치유를 받곤 하고 있습니다. 여러분들도 이런식으로 한 번 기도해 보시길 바랍니다. 그러면 놀라운 신유를 경험하게 될 것입니다.

3. 지인과의 대화 가운데서도 치료를 받을 수 있다

어느 지인 목사님과 구로디지털역 커피숍에서 만나 이야기를 했는데 그때 저는 사실 속이 더부룩하고 왼쪽 옆구리 쪽에서는 약간 찌르는 듯한 통증도 조금 있었습니다. 이 통증은 심하지 않았으나 기분이 나쁠 정도였습니다. 그때 목사님과 이야기를 나누는데 지인 목사님에게서 성령님이 내 배에 흘러 들어오는 것이 느껴지며 더부룩하고 약간의 통증이 있던 것이 시원해지는 느낌이 들었습니다. 그리고 그 자리에서 바로 치료를 받았습니다.

그리고 2주일 후 다시 같은 증상이 오려 할 때 내가 내 배를 행해 말하길 "내 배는 성령께서 직접 치료하셨다. 그러므로 다시는 어떤 복통은 재발하지 않고 소화는 잘 될 것이다."라고 선포했습니다. 그랬더니 찾아오려 했던 복통이 순식간에 사라졌습니다.

또한 어느 날 새벽, 잠을 자고 있었는데 배꼽에서 오른쪽으로 5센티 지점을 콕콕찌르면서 기분 나쁘게 아팠습니다.

그래서 잠이 깬 후 기도하기 시작했는데 상상하며 기도하길 내 오른손 장지 손가락에서 성령의 레이저(성령의 치료의 광선 또는 빛을 레이저로 표현한 것임)가 나온다고 상상하며 그 통증 있는 배 부분에 그 오른손 손가락을 올려놓고 계속 성령의 빛이 나온다고 생각하며 이 빛이 내 아픈 부분을 치료한다고 생각하며 2시간 동안 누워 기도했습니다. 그런데 2시간 후 정말 거짓말 같이 그 아프던 통증이 사라지고 재발하지 않았습니다.

또한 저는 어디가 아프다든가 하면 아픈 부위에 손을 얹고 "성령께서 벌써 치유하셨다."라고 고백합니다. 그런데 그 고백이 끝나기 무섭게 아픈 부위가 꿈틀댄다든가 또는 시원하다든가 아니면 다른 어떤 느낌이 오면 이는 성령께서 치유하셨다는 증거로 조금 있으면 바로 치유되는 것을 여러 번 체험했습니다. 여러분도 한번 해보시길 바랍니다. 그러면 거짓말 같이 치유가 될 것입니다.

성도 여러분, 이렇게 누구에게 안수 받지 않고 대화 가운데에서도 상대방에게 있는 성령을 내게 흘러 들어오게 할 수 있습니다. 뿐만 아니라 상대방으로부터 성령님을 내게 흘러 들어 들어오게 함으로 치유도 받을 수 있습니다. 그러므로 지인과 대화 가운데에서도 성령의 임재 가운데 있으시길 바랍니다. 그러면 대화 가운데서 성령의 임재와 치료를 체험할 수 있습니다. 또한 성도 여러분의 오른손 손가락에서 성령의 레이저(빛)가 나온다고 생각하고 환부에 여러분의 손가락을 올려놓고(안수) 계속 성령의 레이저가 치료하는 것을 몇 시간씩 상상하며 기도해 보시기 바랍니다. 또한 성령께서 벌써 치유하셨다하며 고백해 보시길 바랍니다. 그러나 중요한 것이 있습니다. 그것은 자기 신유(자기 손을 아픈 부위에 놓고 기도하는 것)를 행하실 때는 반드시 자신의 손을 환부에 올려놓고 기도해야 한다는 사실입니다. 이렇게 하시면 틀림없이 치료가 임할 것입니다.

제 **6**장

축사 선포기도로 암과
병을 치료할 수 있다

1. 반복된 축사선포 기도의 능력

한번은 제가(오흥복목사) 삼겹살을 먹고 체한 적이 있었습니다. 소화제를 먹었는데도 통증이 계속 되었습니다. 통증 때문에 잠을 잘 수가 없었습니다. 그래서 저는 "이래도 못 자고, 저래도 못 잘 바에는 차라리 자지 않고 밤새도록 기도해야지."하고 기도를 시작했습니다. 제가 지금 기도라 말하는 기도는 구걸식 기도인 "주님 저를 치료해 주세요!"하는 식의 기도를 말하는 것이 아니라, 말씀을 붙잡고 하는 축사 선포기도를 말합니다.

그래서 이렇게 기도하기 시작했습니다. "나는 벧전 2:24의 말씀에 의해 복통은 나았다. 나는 예수께서 채찍에 맞음으로 나았다. 그래서 나는 2천 년 전부터 아프지 않고 건강하다. 아픈 것은 귀신, 네가 아픈 것이다. 왜냐하면 나는 벧전 2:24에 의해 예수님이 2천 년 전부터 건강하다 했기에 나는 아프지 않은 것이다. 귀신아! 내가 아픈 것은 내가 아픈 것이 아니라, 귀신 네가 아픈 것이다. 그러므로 귀신아! 너는 내 복통에서 떠나가라! 너는 내 복통에서 손을 떼라! 봐라 귀신아! 나는 나았기에 아프다 하지 않는다. 너는 내가 아프다 하는 소리를 들어보지 못했을 것이다. 왜냐하면 나는 아프지 않기 때문이다. 아픈 것은 내가 아프지 않고, 귀신 네가 아프기 때문이다. 봐라 귀신아! 나는 아프지 않기에 이렇게 정상적인 활동을 하고 있다. 그러므로 너는 내 속에 있을 곳이 없다!"

그리고 저는 계속해서 "귀신, 너는 예수의 이름으로 내 복통에서 손을 떼라! 손을 떼라! 손 떼! 손 떼!"하며, 4만 번도 넘게 다른 기도는 일체하지 않고 계속 축사 선포기도만 했습니다. 그래도 통증은 계속 되었습니다. 그러나 기도를 시작하고는 약도 먹지 않았습니다. 이렇게 귀신에게 손을 떼라고 명령한지 만 하루가 지났습니다. 그러나 그 다음 날도 통증은 계속 되었습니다. 그래서 저는 이튿날 밤에도 역시 잠을 자지 않고 축사 선포기도를 계속 했습니다. 그리고 새벽 4시부터는 아예 강대상에서 계속 기도하기 시작했습니다. 그 날 오전 9시 정도가 되었습니다. 배속에서 뭔가 소화가 되는 느낌이 왔습니다. 뻥하고 뚫리는 느낌이 왔습니다. 그래서 축사 선포기도를 멈추었습니다. 그리고 그 시간 이후로 깨끗이 나았고 해결되었습니다.

성도 여러분, 이와 같이 한 가지 기도만 24시간 정도가
아니라 몇날이고 며칠이고 나을 때까지 하면 반드시 응답
은 받습니다. 저는 문제가 생기면 항상 이런 문구로 기도합
니다. 그러면 반드시 해결을 받습니다.

성도 여러분! 제가 위에서 축사한 문구 그대로 여러분들
도 한번 해보시길 바랍니다. 그러면 여러분 스스로 축사하
면 귀신이 떠나는 것을 느끼게 될 것입니다. 그리고 치유를
받게 될 것입니다. 단 몇날이고 며칠이고 쉬지 않고 해야
합니다.

2. 사경을 헤매면서도 축사하심

신세균 권사님이 79세 때 척추뼈가 내려앉아 대전 선병
원에서 수술을 받았습니다. 그때 수술 후유증으로 권사님
은 의식은 있었으나 사경을 헤매는 것 같이 손 사례를 치며
정신이 혼미한 상태였습니다. 아내와 저는 매일 같이 기도
해 주려 병원에 갔고, 권사님의 가족들과 저와 아내는 권사
님이 소천하시는 줄 알았습니다. 왜냐하면 권사님이 자꾸
의식을 차리지 못하고 헛소리를 하셨기 때문입니다.

그런데 후에 권사님이 회복된 후에 말씀하시길 그때 권사님은 수술 후 목부터 뒷머리 정수리까지 너무 아파 소리를 지르며 기도를 했다는 것입니다. 우리가 듣기에는 이상한 소리를 하는 것 같이 보였고, 소리도 파리 목소리처럼 작았습니다. 그런데 권사님은 그때 수술 후유증으로 머리와 어깨가 아파 하나님 아버지만 계속 소리를 지르며 불렀다고 합니다.

10분 내지 20분을 '아버지' 소리만 하고 불렀는데 후에는 목에 침이 마르고 목소리가 기어 들어가 목소리도 잘 나오지 않아 아버지를 부르는 가운데 주무셨다고 합니다. 그런데 그렇게 아버지만 부르고 나서 신기하게 머리와 어깨가 아팠던 통증이 사라져 치료 되었다고 합니다.

저의 책(오흥복) '뉴 동의보감'에 보면 하루 10분만 소리 지르며 기도하면 모든 병이 낫는다고 말하고 있는데 권사님은 제 책에 나오는 그 말씀을 그대로 믿고 그대로 하셔서 치료를 받았다고 간증하는 소리를 들었습니다.

성도 여러분, 우리도 사경을 헤매면서도 축사 선포 기도를 멈추지 마시길 바랍니다. 그러면 반드시 치료가 됩니다.

3. 신세균 권사님이 구역예배를 맞추고 점심 식사를 하며 간증한 내용

권사님이 83세 때, 축농증으로 자꾸 코가 나와 집에서 30분 정도 예수님의 이름으로 코에 손을 얹고 축농증 귀신에게 떠나라고 명령했습니다. 주일날 방언 통성 기도를 할 때 코에 손을 얹고 명령하길 "더러운 축농증 귀신아! 나는 이미 예수께서 채찍에 맞음으로 나았다. 그러므로 너는 나에게서 떠나가라!"하며 명령을 15분 동안 했는데 기도가 끝난 후 코 나오는 것이 멈추었습니다. 그 이후 지금까지 코가 나오고 않았고, 완전히 치료를 받았다고 합니다.

성도 여러분, 이렇게 환부에 손을 얹고 1시간 정도 축사하며 기도하면 귀신은 떠나고 치료는 임합니다. 그러므로 여러분들도 환부에 손을 얹고 축사하시길 바랍니다.

4. 축사로 손과 팔뚝을 치료 받음

하루는 신세균 권사님이 식당에서 식사를 하시다가 탁자에 손바닥이 부딪혔다고 합니다. 그 후 권사님의 손바닥에 통증이 오기 시작하더니 팔뚝까지 시리고 아프기 시작했다고 합니다. 그래서 권사님은 화장실에 가서 한 30분 동안 "손바닥 아프게 하는 귀신아! 나는 이미 2천 년 전부터 나아서 아프지 않다. 아픈 것은 귀신 네가 아픈 것이다. 그러므로 너는 내게서 썩 꺼져 버려라."하고 축사 기도를 했다고 합니다.

그리고 저녁에 파스를 붙이시고 내일 아침이 되면 병원에 가봐야겠다 생각하고 주무신 후 아침에 일어났는데 신기하게도 통증이 사라지고 치료를 받았다고 합니다. 성도 여러분, 신 권사님처럼 축사 선포기도를 합시다. 그러면 틀림없이 병에서 치료받습니다.

5. 신세균 권사님의 눈병 치료 받음

신세균 권사님이 하루는 눈이 침침하고, 눈이 부시고, 눈물이 나 병원에 가려하다가 기도해야겠다 싶어 혼자 30분 방언으로 기도하고, 30분은 축사 선포기도를 했다고 합니다. 물론 축사 선포기도 방법은 "눈이 침침하게 하는 더러운 귀신아! 예수께서 채찍에 맞음으로 나는 2천 년부터 나았고 아프지 않다. 아픈 것은 네가 아픈 것이다. 그러므로 눈을 침침하게 하는 귀신아! 당장 예수님의 이름으로 내게서 떠나가라!"했는데 그런데 놀라운 일이 일어났다고 합니다. 다음날 병원에 가려했는데 눈부시고 눈물이 나왔던 것이 사라졌다는 것입니다. 그리고 병원에 갔는데 아무 이상이 없었다는 것이었습니다. 성도 여러분, 축사 선포기도는 능력기도입니다.

6. 축사로 천식 치료 받음

대전 세계로 교회 다니시는 장 권사님은 젊었을 때부터 천식으로 고생했는데 나이 42살 때 천식이 급격히 악화돼 조금 걸어도 숨이 턱까지 차 조금 걷다 쉬고 할 정도로 걸음을 걷지 못했다고 합니다.

병원에서는 앞으로 더 나빠진다고 하고, 어쩌면 죽을지도 모른다고 했습니다. 또한 천식의 후유증으로 신장과 심장도 같이 나빠졌다고 합니다. 권사님이 42살 4월 달이 되었을 때 믿음으로 이 문제를 해결해 봐야겠다는 생각이 들었다고 합니다. 그래서 치료를 위해 기도했고, 그해 7월에 방언을 말하게 되었는데 20년이 넘게 그녀를 괴롭혔던 천식과 모든 병이 그해 11월 일시에 치료를 받았다고 합니다.

치료를 받을 때 권사님은 천식을 위해 이렇게 기도했다고 합니다. 권사님은 4월 달 천식으로 걷지도 못하고, 병원에서는 더 나빠질 수 있다고 했는데 그분은 혼자 항상 말하고 고백하길 "나는 천식에서 반드시 치료 받는다. 좋아질 수밖에 없다."라는 생각과 고백을 했다고 합니다. 그러면서 11월에 와서 그분은 천식을 위해 선포기도를 했는데 이렇게 했다고 합니다. "천식 귀신아! 예수의 이름으로 내게서 떠나고, 사라져 버려라! 나는 2000년 전부터 아프지 않다. 아픈 것은 네가 아픈 것이다."하며 축사를 했는데 그때 환상 가운데 불꽃이 하나 보이더니 자기에게 임하더라는 것이었습니다. 그리고 환상 가운데 천식 귀신을 향해 축사를 했더니 그림자 같은 귀신이 보였는데 눈만 두 개 있었다고 합니다.

그런데 그 그림자 같은 귀신이 축사를 하니 뒹굴며 나가

떨어졌는데 그때 귀신이 권사님의 왼쪽 귀에 종알거리더라는 것입니다. 이때 권사님은 더 예수님의 이름으로 천식 귀신을 향해 명령했더니 천식 귀신이 스르르 사라지더라는 것입니다.

그 후 권사님의 천식과 모든 병은 일시에 치료를 받아 재발되지 않고 20년 넘게 건강하게 살고 계신다고 했습니다. 하루는 권사님이 다니시는 교회 전도사님이 유방암에 걸렸다고 합니다. 그래서 권사님은 당신이 이렇게 기도해서 응답 받았으니 역시 이렇게 기도하라 했는데 그 날 그렇게 기도했더니 그날 유방암이 치료를 받았다고 합니다. 그래서 그 다음날 병원에 가서 확인해 보니 암이 사라졌다는 판명을 받았다고 합니다.

성도 여러분, 축사 선포기도는 지상 대명령입니다. 권사님과 전도사님 역시 바로 이 지상 대명령인 축사를 통해 천식과 유방암에서 치료를 받을 수 있었습니다. 그러므로 우리 모두 축사를 생활화 합시다.

7. 어느 집사님의 폐혈종 치료

얼마 전에 어느 집사님의 전화를 받았습니다. 집사님의 어머니가 폐혈종으로 생명이 위독해 중환자실에 입원했다고 합니다. 이런 경우 어떻게 기도해야 하느냐고 제게 물었습니다. 그래서 저는(오흥복) 대답하길 "폐혈종 귀신아! 어머니에게 떠나가라."라는 축사기도만 계속하라고 했습니다. 그리고 약 10일 정도가 지나서 전화가 왔습니다. 목사님이 말씀하신 대로 기도했더니 어머니가 좋아지셔서 일반실로 옮겼다고 말입니다. 성도 여러분, 이렇게 축사기도는 생명을 구하는 기도입니다.

8. 저 오흥복의 콧물 치료

2015년 3월25일날 새벽 2시에 어느 집사님에게서 전화가 왔는데 딸 전화번호를 누르려다 제 핸드폰 번호를 눌러 전화를 잘못 걸었다는 것입니다. 이 전화를 받고 저는 잠이 사라져 버려 잠에서 깼습니다. 그래서 다시 잠을 청하기 위해 누웠는데 고춧가루 같은 것이 내 오른쪽 코에 달라붙는 것이 보였습니다. 이것이 환상인지 뭔지 모르지만 그런 것이 제 눈에 보였습니다. 이런 경우가 두 번 더 있었는데 이럴 때 마다 항상 재치기와 콧물이 나오는 코감기를 앓았습니다. 그런데 이번에 또 고춧가루가 제 코에 붙은 것입니다.

그래서 누웠다 일어났다를 반복하며 계속 "콧물귀신아, 내게서 나가라."고 축사 선포 명령기도를 했습니다. 새벽기도 시간이 되어 5시에 교회에 가서도 7시10분까지 계속 콧물 귀신에게 내게서 떠나라고 명령했습니다. 그리고 집에 돌아왔는데 콧물이 나오지 않고 치료가 되었습니다. 그리고 지금까지 역시 나오지 않고 있습니다.

성도 여러분, 축사기도는 이렇게 놀라운 응답을 가져다줍니다. 그러므로 축사 기도를 생활화 합시다. 오죽하면 주님이 지상 대명령으로 축사 할 것을 명령했겠습니까? 그러므로 우리 모두 지상 대명령을 행합시다.

제 **7** 장

설교를 기도의 제목으로
삼아 치료 받음

1. 설교를 기도의 제목으로 받아 들여 치료됨

전복주 목사님에게 들은 조 회장(성씨는 조씨이고, 이름은 회장입니다)에 대한 이야기입니다. 71세 때 신장암으로 충남 대학 병원에 입원해 신장에 호스를 꽂고 소변을 보게 되었다고 합니다. 병원에서는 가망이 없다고 해서 마지막 죽음을 준비하기 위해 대전 큰 우리병원에 입원했다고 합니다. 그도 죽음을 준비하며 빨리 죽었으면 한다 하며 부정적인 말을 했지만 병원 호스피스 예배에 열심히 참석했다고 합니다.

그런데 예배에 참석할 때마다 전복주 목사님을 보면 목사님에게서 빛이 나오더라는 것이었습니다. 그리고 설교를 듣고 기도할 때는 설교 말씀을 기도 제목으로 삼아 눈물로 통곡하며 회개하며 기도했다고 합니다. 그렇게 하길 얼마 후 불가능했던 암이 치료 받아 지금은 73세인데 퇴원해 건강하게 정상적인 생활을 하고 있습니다. 물론 호스도 뺐다고 합니다.

그런데 조회장이 어떻게 회개했냐면 과거를 회상하며 그

동안 잘못하고 잘못 살아온 것을 아주 철저히 통곡하며 회개했다고 합니다. 그런데 그렇게 할 때마다 몸이 점점 좋아지더니 완전히 치료가 되었다고 합니다.

성도 여러분, 우리도 이렇게 설교를 기도 제목으로 삼아 과거의 잘못을 회상하며 통곡하며 기도하면 암도 치료가 됩니다. 그러므로 설교 말씀을 기도의 제목으로 삼아 설교 가운데 과거를 회상하며 통곡하며 기도합시다. 그러면 암도 치료가 됩니다.

2. 성령의 불로 감기 몸살을 치료 받음

제가(오흥복목사) 32사단에서 신병교육을 마치고 부산 53사단에 자대 배치를 받는 과정에서 울산 127연대에서 신병으로 대기하고 있을 때 헌혈차가 와서 신병들을 모두 데리고 가서 헌혈을 하게 했습니다. 그래서 저도 헌혈하기 싫었지만 강요에 의해 불가피하게 헌혈을 할 수밖에 없었습니다. 그때 저는 믿음으로 병에서 치료받고 입대한지 얼마 되지 않아 몸무게가 53킬로 밖에 되지 않는 연약한 몸이었습니다. 그런데 헌혈을 하다 보니 그만 몸살감기에 걸리고 말았습니다.

　저는 주님이 "너를 살려 주면 되지 않느냐?"는 음성을 듣고 병에서 치료 받은 이후에는 몸이 아프면 교회에 가서 누워 있기만 해도 치료 받곤 했던 때였습니다. 그래서 연대에 있는 교회에 주일날 가고 싶었는데 마침 주일날 연대장이 이사를 한다며 신병은 무조건 사역병으로 이사를 도와주어야 한다며 교회를 가지 못하게 했습니다. 그래서 상급병에게 "저는 이삿짐 싸러 갈수 없습니다. 지금 몸살이 났는데 교회에 가면 나을 것 같다고 했습니다." 그랬더니 동기들이 "너 맞아 죽으려고 상급병의 말을 거역하느냐!"하며 걱정을 했습니다. 그럼에도 불구하고 결국 제가 우겨서 사역에서 열외 되어 연대교회에서 주일 예배를 드리게 되었습니다.

　연대교회에서 예배를 드리는데 왜 이렇게 감사한지 너무 기뻐 눈물이 났습니다. 그리고 연대교회 목사님(양준기 목사님, 지금은 문래성결교회 목사)의 설교가 시작되었습니다. 연대교회 목사님께서 "예수님이 우리를 위해 피 흘려 죽으시고 우리를 구원하셨다."고 말씀하셨는데 그때 주님의 십자가를 생각하니 얼마나 감사하고 고마운지 눈물콧물이 닭똥

같이 뚝뚝 쏟아졌습니다. 이렇게 주님의 십자가 은혜가 감사해 울며 주님께 감사하다고 기도하자 갑자기 성령의 불이 임하더니 제 몸을 위에서부터 발끝까지 시원하게 훑고 내려갔습니다. 그때 제 몸은 그 자리에 있었지만 마치 공중 부양하는 것 같은 생각이 들었습니다. 그리고 그 자리에서 감기몸살이 한순간에 치료 받았습니다.

여기서 보면 제가 연대교회 목사님의 설교를 듣고 그 설교 내용 중 주님의 보혈의 피를 회상(지난 일을 돌이켜 생각하는 것)하며 기도했다고 했습니다. 이렇게 설교를 들으며 그 설교 내용을 기도제목으로 삼고, 주님의 공로를 회상하며 기도할 때 성령이 임해 치료 되었습니다. 여기서 주님의 은혜를 회상한다는 말은 주님의 공로를 주마등(무엇이 빨리 지나가는 것)처럼 떠올리며 "주님이 저 같은 것을 위해 십자가에 달려 피 흘려 죽으시다니! 저 같은 것이 무엇이기에! 주님이 저를 구원해 주시다니! 주님! 너무 너무 고맙습니다." 하며 나열식으로 과거를 회상하며 하는 것입니다.

성도 여러분도 이렇게 설교를 들으며 은혜되는 부분이 있으면 그때 회상하며 기도를 해보시기 바랍니다. 그러면 그

순간 성령이 임하고 동시에 치료도 받게 됩니다. 그러므로 여러분의 담임 목사님의 설교를 놓치지 말고 경청하시길 바랍니다. 그리고 주님의 십자가를 주마등처럼 떠올리며 과거를 회상하며 주님의 보혈에 감사하며 기도하시길 바랍니다. 그러면 설교를 듣다가 성령의 불도 받고 치료도 받을 수 있습니다.

제 **8** 장

합심 중보기도로
치료 받을 수 있다

1. 합심 중보기도 한 번으로 죽어가는 사람이 살아나다

레이몬드 리치 목사님이 병원에서 죽어가고 있는 어떤 사람을 위해 기도회를 인도하는 것을 들은 적이 있습니다. 우리는 함께 기도한 후, 하나님께서 우리 기도를 들으신 것에 대해 감사했습니다. 리치 목사님은 강단에서 내려와 걸어 나가다가 다시 마이크 앞으로 돌아 오셔서 "병원에 있는 이 환자를 위해 계속 기도할 사람 손들어 보세요."라고 말했고, 거의 모든 사람들이 손을 들었습니다.

"왜 또 기도하려고 합니까? 우리는 그 환자를 위해 이미 기도했으니 이제는 하나님께서 그 환자를 치유하신 것에 대해 계속 찬양합시다."라고 목사님은 말했습니다.

예배가 끝날 무렵 어떤 사람이 그 환자가 별안간 소생하기 시작했고 살아났다는 소식을 광고했습니다. 그 환자는 예수님이 그의 병실로 들어오는 것을 보았고 예수님이 그에게 "나는 너를 치료하는 하나님이다"라고 하시는 말씀을 들었다고 했습니다. 그리고는 그 환자가 깨어났고 회복되었습니다. 성도 여러분! 합심 중보기도는 불가능을 가능하게 하는 기도입니다.

2. 중보기도로 혈액암에 걸린 분이 살아남

어느 사모님이 혈액암에 걸려 피골이 상접해 얼굴은 누렇고 삐쩍 말랐고 식사도 거의 못했는데 병원에서는 길게 살면 3개월밖에 살지 못한다고 했습니다. 그때 사모님은 좌절하지 않고 자기가 알고 있는 모든 지인 목사님과 사모님들께 중보기도를 부탁하기를 이대로 죽어서는 안 되고 기도하고 전도하다 죽게 해 달라고 중보기도 부탁을 했습니다.

그리고 본인은 "하나님 한번만 살려 주세요. 이렇게 살다 죽으면 무의미하잖아요. 제가 주의 일 하다가 죽어야지 이렇게 살다 죽으면 안 되잖아요. 이대로 죽으면 제가 천국에서 무슨 상을 받겠습니까! 그동안 제가 잘못 살았습니다. 제가 기도하고 전도하다 죽어야지 이렇게 죽으면 안 되잖아요!"하며 기도했다고 합니다.

그런데 예전에는 소화도 안 되고, 토했던 사모님인데 어느 날부터 몸이 좋아지기 시작하고 밥맛이 좋아지고 소화가 되더라는 것입니다. 그리고 마음속에 "내가 이 세상에서 할 일이 있다. 내가 이대로 죽으면 안 되고 기도하고 전도하고 죽어야 된다."는 마음이 오더라는 것이었습니다.

이런 약한 몸인데도 불구하고 그 사모님은 정상인과 같이 주일날마다 교회에 와서 기도하고 예배드리고, 예배 끝나면 성도들을 섬기고 봉사했다고 합니다. 그러다 보니 언제부터다 하고 말할 수는 없지만 서서히 몸이 좋아 지더라는 것이었습니다. 그후 그 사모님은 3개월이 훨씬 지났지만 지금도 건강하게 살아 계십니다.

이는 중보 기도의 힘을 말하고 있습니다. 왜냐하면 주님은 마 18:20절을 보면 "두 세 사람이 내 이름으로 모인 곳에는 나도 그들 중에 있느니라."했기 때문입니다. 또한 "페리파테오(걷다.운동)" 즉 걸었기 때문입니다. 다시 말해 이 사모님은 몸이 죽을 것 같이 약한 상태였지만 주일날 성도들을 섬기는 행함을 하나님께 보여주었기 때문입니다.

성도 여러분, 우리도 어려울때 지인들에게 중보기도를 부탁합시다. 그리고 치료 받은 줄 믿고 정상적인 행동을 합시다. 그러면 이 사모님과 같이 암에서 치료 받을 수 있습니다.

제**9**장

변증기도로 죽은 사람을
살릴 수 있다

1. 어느 소녀의 변증기도로 살아난 어머니

어느 소녀의 어머니가 죽었습니다. 죽기 전 아침에 담임 목사님에게 "내가 오늘 천국에 갈 것 같으니 그러니 죽으면 장례를 잘 치루어 달라."하고 그날 죽었습니다. 그런데 그 어머니에게 딸이 있었는데 고등학생이었습니다. 그런데 그 딸이 예수님께 울부짖으며 기도했습니다. "안됩니다. 주님! 우리 엄마를 지금 데리고 가시면 안 됩니다. 예수님! 우리 엄마를 다시 돌려보내 주세요." 그러면서 하나님을 변증하여 설득하기를 "우리 아버지는 엄마만 의지하는 사람인데 엄마가 돌아가시면 안 됩니다. 절대로 안 됩니다"하고 빨리 우리 엄마를 돌려보내 달라고 기도했습니다. 그러자 목사님이 오셔서 그 딸을 말렸는데 그래도 그 딸이 말하길 "아닙니다. 엄마를 돌려보내 주셔야 된다."며 울며 기도했습니다.

그리고 어느 정도 시간이 흘렀습니다. 그런데 어느 순간에 아버지가 딸 이름을 부르며 말씀하시길 "너희 엄마를 봐라."하였습니다. 소녀는 엄마가 움직이는 것을 보았습니다. 엄마는 자기 딸을 향해 말하길 "왜 나를 불렀니?"라고 하였습니다. 그리고는 엄마는 아무것도 먹지 않고 계속 주무시다가 깨어났습니다. 딸이 어떻게 된 것인가 물었더니 엄마가 딸에게 말하길 "네가 예수님께 엄마를 돌려보내 달라고 울부짖는 기도를 해서 예수님이 들으시고, 내 영혼을 다시 돌려보내 주셨다."하는 것이었습니다. 그리고는 어머니는 점점 회복되었다고 합니다.

성도 여러분, 딸의 변증기도가 죽은 엄마를 살려냈습니다. 그러므로 우리도 하나님께 변증기도를 하시길 바랍니다. 이것이 변증기도의 능력입니다.

2. 변증기도로 헤인즈를 살려냄

헤인즈라는 해긴 목사님 교회의 집사님이 죽었을 때 해긴 목사님이 사 43:25-26절을 말씀을 붙잡고 기도했다고 합니다. 그러자 죽었던 사람이 삼 일만에 다시 살아났습니다. 해긴 목사님은 그때 이렇게 기도했습니다.

나는 하나님께서 하라고 하신 그대로 정확하게 실행했습니다. 하나님께서는 "나로 기억나게 하라"고 말씀하시며

"서로 변론하자. 너는 네 주장을 변론하여 네 의를 나타내라"라고 말씀하셨습니다. 그래서 나는 주님께 이렇게 그가 살아나야 할 이유를 가지고 기도했습니다.

첫째로 그가 살아야 할 일을 약속을 붙잡고 기도했습니다.

"주님! 나는 헤인즈 씨를 죽게 내버려 두지 않겠습니다. 무엇보다 그는 아직 마흔아홉 살밖에 안되었습니다. 아직 죽을 나이가 아닙니다.", "나는 하나님께 기억이 나게 했습니다.", "하나님께서 성경에 일흔 살 내지 여든 살을 약속하셨습니다."

둘째로 그는 제 교회 주일학교 부장입니다.

그는 훌륭한 부장이었습니다. 제게 필요한 목자이면 주님께서도 필요한 목자입니다. 또한 주님께서 필요하시다면 내게도 필요합니다.

셋째로 그는 저의 집사입니다.

그는 저에게 꼭 필요한 집사입니다. 저에게 그가 필요하다면 주님께서도 필요합니다.

넷째로 그는 이 마을에 좋은 영향을 주는 사람입니다.

다섯째로 그는 수입의 30%센트를 헌금하는 자입니다.

그러면서 해긴 목사님은 그를 위해 기도하길 "이 교회는 제 교회가 아닙니다. 저희는 그리스도의 몸입니다. 주님 저희는 그가 필요합니다. 교회는 그가 필요하므로 그를 죽게 내버려 두지 않겠습니다.", "게다가 사망은 원수로부터 온 것입니다. 그것은 마귀에게 온 것입니다." 나는 이렇게 선포했습니다. "사망아! 예수의 이름으로 내가 너에게 명령한다. 너는 그의 몸에서 떠나가라!" 그가 이렇게 기도하자 그는 삼 일만에 죽었다가 살아나서 그동안 자기가 어디에 있었고, 천국에서 예수님을 만난 이야기를 깨어나서 해 주었는데 그 내용은 다음과 같습니다.

"그때 저는 죽었고 곧바로 천국에 가서 성도들과 주님을 만났습니다." 그리고 나는 그곳에 있고 싶어 세상으로 돌아가고 싶어 하지 않았는데 주님이 말씀하시길 "너는 다시 돌아가야 한다."라고 하셨습니다. 저는 "돌아가기 싫습니다." 라고 대답했습니다. 그러자 주님은 같은 대화를 세 번이나 반복하셨습니다. 그리고 주님이 창문 커튼을 젖히듯 뭔가를 젖히자 해긴 목사님의 기도 소리가 들려왔습니다. "주님! 저는 그를 죽게 내버려 두지 않겠습니다. 죽게 내버려 두지 않겠습니다." 예수님이 말씀하셨습니다. "보아라! 너는 돌아가야 한다. 해긴 목사가 너를 여기에 보내지 않을 것이다." 그래서 저는 살아났습니다.

성도 여러분, 해긴 목사님의 변증기도가 죽은 성도를 살려냈습니다. 그러므로 우리도 하나님께 변증기도를 하시길 바랍니다. 이것이 변증기도의 능력입니다.

제 **10** 장

암과 병에서 치료 받은 사람들

1. 예수님을 치유자로 영접하면 병에 걸리지 않고 장수하다 소천한다

케네스 해긴 목사님의 '신유에 관한 일곱 가지 원리'라는 책에 보면 이런 내용이 나옵니다. 우리가 예수를 주님으로 영접하듯이 예수님을 우리의 치료자와 의사로 영접하면 평생 건강하게 장수하다 죽을 때도 병 없이 잠자듯이 죽을 수 있다고 말입니다. 잠깐 그 내용을 그대로 소개해 드리겠습니다. 아래 내용은 신유의 기적으로 94살까지 건강하게 살던 할머니와 손녀딸의 대화 내용입니다.

신유의 기적이 성경적이라는 것을 신유집회에 참석했던 손녀딸이 깨달았을 때 그 할머니는 이렇게 말했습니다. "할렐루야! 네가 그것을 깨달았다니! 정말 기쁘구나!", "할머니! 그게 무슨 뜻이에요?"하고 손녀딸이 묻자, 그녀는 이렇게 말했습니다. "40여 년 전 난 우리 감리교회에 신유에 관하여 설교하시는 분이 오셨는데, 그분은 우리가 앞으로 나와서 그리스도를 우리의 치료자와 의사로서 영접하라고 초청하였단다. 마치 우리가 주님을 구주로 영접할 때와 똑같이 말이다. 나도 다른 사람들과 함께 앞으로 나갔단다. 너도 이젠 지난 40여년을 기억할 만큼 나이도 들었는데, 지난 40년간 너는 내가 아픈 것을 본 적이 있느냐?", "어머, 아니에요. 우리는 그저 할머니는 매우 강한 체질의 소유자라고만 생각해 왔지요!", "아니란다." 할머니는 이어서 "나는 예수님을 나의 의사로 모셔 들였단다. 나는 40년간 아파본 적이 없었지! 이제 내 나이 93세인데 내가 아픈 곳이나 질병도 없이 본향으로 돌아가게 된다는 것을 아는 게 너희에겐 관심이 쏠리지 않니? 나는 내 평생에 단 하루도 아프지 않을 것이다."라고 말했습니다. 우리는 불쌍한 노인이 노망들었다고 생각했으나 할머니는 오히려 그 집회에 계속 나가라고 격려했습니다.

할머니는 94세까지 사셨습니다. 그녀는 날이 밝으면 남자들과 손자들은 들에 일하려 나가야 하므로 새벽에 다른 가족들과 함께 일어나곤 했습니다. 아침 식사를 하고 나서는 아침 식사 때 사용한 접시를 씻고 말리고 부엌청소를 하고 손녀딸은 그동안 침대를 정리하고 나머지 집안을 청소했습니다. 손녀딸이 바느질 하는 동안 할머니는 성경을 그녀에게 읽어 주셨습니다.

그녀는 기억하기를 "어느 날 아침 식탁에서 할머니는 자기가 오전 10시에 돌아가실 것이다"라고 말했습니다. 우리는 별 관심 없이 들었지만 제 남편은 들에 일하러 나가기 전에 "할머니가 아침에 뭐라 그랬지? 돌아가실 것이라고 생각하고 계신 모양이지?"하고 말했습니다. 우리는 할머니가 의미한 바를 이해하지 못했습니다. 할머니는 8명의 아이들과 어른 세 명의 아침 식사 그릇 설거지를 다 하신 후 부엌을 닦으신 후, 9시에 바느질 방에서 그녀의 손녀를 만나셨습니다. 그리고 그녀에게 성경을 읽어주기 시작했습니다. 그 손녀는 정확히 9시 50분에 할머니는 내게 고개를 돌리더니 "내가 이것을 읽어 주마" 하시고는 요한계시록 20장과 21장을 읽으셨습니다. 약 10시쯤 두 장을 다 끝내시더니 "저기 예수님이 계시는구나, 이제 나는 가야만 한다! 안녕!"하시고 손을 흔들더니 의자에 앉으신 그대로 돌아가셨습니다. 오! 할렐루야, 우리는 너무나 많이 하나님을 값싸게 팔아버렸습니다.

여기서 보면 이 할머니는 94세까지 건강하게 사시다 돌아가실 때도 돌아가실 것을 예언하시고 소천하셨습니다. 성도 여러분! 우리는 마귀에게 성명을 빼앗기는 질병으로 죽어서는 안 됩니다. 이 할머니와 모세처럼 영혼을 하나님이 불러서 가는 진짜 소천을 맞이해야 합니다. 그런데 그렇게 소천할 수 있는 방법이 있는데 그것은 바로 예수님을 주님으로 영접하는 것 같이 치료자로 영접하면 평생 건강하게 살 수 있습니다. 우리 믿는 자들이 왜 진짜 소천을 하지 못하고 병들어 죽느냐면 예수님을 치료자로 영접하지 않고, 또한 말끝마다 "사람은 누구나 다 늙으면 병들어 죽는다."라고 입버릇처럼 말했기에 결국 응답받아 병들어 죽는 것입니다. 그러므로 오늘부터 여러분들은 이렇게 말하시기 바랍니다. "나는 120세까지 건강하게 살다 영혼이 진짜 소천하리라."하고 말입니다. 그러면 틀림없이 평생 건강하게 사시다 소천을 맞이하게 될 것입니다.

2. 조 집사님이 몇 년 전에 갑상선 암에 걸렸다 치료 받았다

조 집사님은 그의 오빠가 49살에 갑상선암에 걸려 죽는 것을 보고, 항상 나도 갑상선 암에 걸리면 어떻게 하나 하고 염려했다고 합니다. 그런데 진짜 오빠가 갑상선 암에 걸린 것 같은 똑같은 현상이 본인에게도 나타났다고 합니다.

조 집사님은 혹시나 해서 충남대 병원에 가서 종합검진을 해본 결과 갑상선 말기라는 진단을 받게 되었습니다. 이 소식을 들은 조 집사님은 하늘이 노랬다고 했습니다. 당시 결과를 같이 보러 갔던 친구가 갑상선 암이란 이야기를 듣고 위로 차원에서 드라이브를 시켜주었지만 역시 좌절과 절망 가운데 있었다고 했습니다.

조 집사님은 집에서 며칠을 눈물로 기도하며 지새웠습니다. 하루는 아파트 베란다에 나갔는데 하늘에 별들이 반짝이었고, 대전 보문 고등학교 쪽 하늘을 보았는데 이상하게 수많은 새 떼가 다른 데로 가지 않고 노닐더라는 것이었습니다. 너무 신기해 새 떼가 노는 모습을 계속 지켜보았는데 새 떼는 사라지지 않았다고 합니다.

그런데 이는 진짜 새 떼가 있었던 것이 아니라 조 집사님 눈에(환상) 그렇게 보였다는 것입니다. 제가 보기에는 비둘기 떼가 아닌가 싶었습니다. 왜냐하면 비둘기는 성령을 상징하기 때문입니다. 그러다 갑자기 자기 몸 명치에서 박하사탕 하나가 퍼지기 시작하더니 박하향이 온몸 구석에 퍼지더니 그만 갑상선 암에 그날로 치료되었다는 것입니다.

그래서 병원에 가서 다시 확인해 보니 암이 온데간데없어 졌다고 합니다.

3. 테힐라(새 노래) 찬양으로 죽었다가 살아남

어느 목사님 교회의 권사님이 완전히 죽었는데 목사님과 사모님이 "나의 죄를 씻기는 예수의 피밖에 없네."하는 찬 송가 184장을 한 시간 반 동안 땀을 뻘뻘 흘리며 테힐라(한 번도 불러보지 않은 새로운 노래) 찬양을 불렀다고 합니다. 그런 데 목사님과 사모님이 이 찬송가를 부른 이유는 이 찬송가 에 예수의 이름과 피가 가장 많이 들어가 있어서 불렀다고 합니다. 그러자 권사님 몸에 온기가 들더니 따뜻해져 살아 났다고 합니다.

살아나신 권사님이 목사님의 손을 잡고 말하길 "우리 집 은 땡감 집안인데(단명을 일컫는 말) 이렇게 살려 주셔서 고맙 습니다."하고 인사한 후 그동안 있었던 일을 말하길 "자기 가 죽었을 때 권사님이 목사님에게 무슨 말을 해도 목사님 은 하나도 알아 듣지 못하더라."는 것이었습니다." 이는 그 의 영혼이 빠져 나갔기에 무슨 말을 해도 목사님이 알아 들을 수 없었던 것입니다. 이 일은 지금으로부터 10년 전인 2011년에 있었던 일입니다.

성도 여러분, 이것이 테힐라(새 노래) 찬양의 능력입니다.

4. 주님을 사랑해서 췌장암에서 치료 받은 사모님의 이야기

다음 내용은 새 에덴 교회 소강석 목사님이 주일날 설교 가운데 하신 말씀입니다.

"전라북도 익산의 개척교회 한 사모님이 췌장암에 걸려 다 죽어가고 있었습니다. 췌장암에 걸리면 대부분 다 죽습니다. 사모님은 절망에 빠졌습니다. 개척교회 하며 힘들게 기도하며 전도하며 박봉으로 겨우 입에 풀칠만 하고 살았습니다. 그런데 교회가 부흥하는 것을 한 번도 경험하지 못했는데 이렇게 죽어가니 얼마나 한스러운 마음에 들었겠습니까? 그런데 이 사모님에게 특별한 하나님의 이벤트가 일어났습니다.

어느날 저녁에 잠을 자다 꿈을 꾸었는데 마음이 너무 아름답고 편안하고 너무 황홀한 분위기가 느껴지는 거예요. 그런데 자기가 그렇게도 원망했던 주님 품 안에 안기어 있는 거예요. 아니! 나는 주님을 그렇게 미워했는데 주님은 나를 이렇게 안아 주고 있는 거예요. 그래서 사모님의 입에서 회개와 감사가 동시에 터져 나오는 거예요. 주님이 자기를 그렇게 사랑하시는데 그것도 모르고 개척교회 하면서 너무나 힘들다고 원망하고 불평했다니! 그래서 하나님 앞에 이렇게 회개했다는 거예요.

주님! 주님이 이렇게 저를 늘 품에 안고 계시는데 저는 그것도 모르고 개척교회 하면서 힘들다고 주님을 맨날 원망하고 불평밖에 못했네요. 췌장암으로 이제는 죽어도 좋습니다. 주님이 저를 이렇게 포근하게 안아 주시는데 나는 이제 감사만 하다가 주님이 불러 주시면 감사하며 가겠습니다. 사모님은 회개하고 감사한 마음으로 눈물 콧물을 흘리며 기도하다가 잠에서 깨어났습니다. 얼마나 마음이 평안하고 기쁨과 평강이 몰려오는지 마음속에서 찬양이 흘러나왔다고 합니다.

이런 일이 있은 후 입맛이 생기는 거예요. 몸이 피골이 상접했는데 밥만 먹으면 살이 찌는 거예요. 이상해서 병원에 가서 검진을 받아 보니 췌장암이 바람과 함께 사라져 버린 거예요. 의사와 간호사들이 깜짝 놀랐습니다. 사모님은 이 제는 나를 안아 주시는 주님, 그 모습을 떠올리면서 감사하 고 찬양하고 전도하니까 교회가 부흥되었다는 것입니다."

이 사모님이 췌장암에서 치유 받은 것은 결국 주님이 안 아 주신 것인데 다시 말해 사모님이 꿈속에서 주님을 사랑 했기에 주님이 안아 주셔서 치유를 받은 것입니다. 그러므 로 우리도 주님을 눈물로 사랑하시길 바랍니다. 그러면 암 도 치료가 됩니다. 왜냐하면 주님을 사랑하며 성령의 불이 임하기 때문입니다.

이렇게 기도했더니 영안이 열렸다

성도들의 초미의 관심사는 아마 방언을 말하고, 영안(환상)이 열리고, 예언을 하고, 통역을 하는 것이 아닐까 합니다. 이런 분들에게 이 책이 아마 큰 도움이 될 것입니다. 왜냐하면 이 책에서는 환상을 보는 방법과 성령의 불을 받는 방법이 기록되어 있기 때문입니다. 단언컨대 이렇게 영안이 열리는 방법과 성령의 불을 받는 방법을 기록한 책은 국내에서 이 책이 유일하다고 봅니다.   (가격 11,500원)

암병이 치료된 사람들의 이야기

부자가 되는 방법은 부자들이 했던 방법을 그대로 흉내내서 하면 되는 것 같이 불치병에서 치료 받는 방법도 역시 그들이 했던 기도의 방법을 그대로 따라하면 됩니다. 이 책에서는 바로 그들이 기도했던 기도의 방법을 그대로 다루고 있습니다.   (가격 11,500원)

천사를 만난 사람들의 이야기

이 책은 일상생활 가운데서 천사를 만난 사람들의 이야기와 위경에 처했을 때 천사의 도움을 받은 실제적인 이야기가 나오는데 특별히 임종에 처한 성도들의 이야기를 들어보면 예수님을 잘 믿은 성도들은 언제나 돕는 천사 둘이 나타나고, 신앙생활을 잘못한 신자들에게는 언제나 천사들과 죽음의 사자가 같이 나타남을 알 수 있습니다.   (가격 12,000원)

본질을 찾아서

어거스틴이 쓴 책 중 "신앙 핸드북"이란 책이 있는데 이는 우리가 신앙생활하며 궁금해 했던 성경 내용들을 요약해 기록한 책인데 저의 이 책이 바로 그런 역할을 하게 될 것입니다. 우리가 신앙생활하며 궁금해 했던 성경말씀들이 많이 있을 것인데 그 내용을 제가 36년 동안 성령의 안경을 쓰고 추적한 결과 그 해답을 찾아 정리해 놓은 책이 바로 이 책입니다.

(가격 6,000원)

예수님이 보신 성경 70인역 창세기 번역본

우리는 예수님과 제자들이 맛소라 사본인 우리가 보는 구약 성경을 보신 줄 아는데 그렇지 않습니다. 당시 예수님과 12 제자들과 바울과 스테반과 어거스틴과 요세푸스는 구약 헬라어 성경 70인 역을 보았습니다. 그러나 안타깝게도 우리나라에 이 70인 역 성경이 번역되지 않아 부족하지만 번역하게 되었습니다. 한번 구매해 읽어 보시면 깜짝 놀랄만한 소식을 접하게 될 것입니다.

(가격 18,000원)

헬라어적 관점과 역사론적 관점과 관용어적 관점으로 본 하존 요한 계시록 1권(계1-3장 까지)

헬라어적 관점이란 개정성경의 각 장의 요절들을 헬라어로 쉽게 해석했다는 말이며 헬라어의 유래를 찾아 헬라어가 어떻게 변했는지 쉽게 설명하고 있다는 말입니다. 또한 역사론적 관점이란 요한 계시록을 역사론적으로 해석하고 있다는 말이며, 관용어적 관점이란 요한 계시록이 관용어로 연결되어 있는 것을 관용어를 찾아 설명하고 있다는 말입니다.

(가격 12,800원)

하존 요한 계시록 2권 (계4-8장 까지)

요한 계시록은 관용어로 기록되어 있는데 이 관용어를 히브리어로 마샬이라 합니다. 마샬을 다른 말로 하면 잠언이란 뜻입니다. 예수님의 비유를 헬라어로 파라볼레라 하는데 이 파라볼레의 유래가 마샬입니다. 이 마샬을 쉽게 해석하면, 관용어, 속담, 격언이란 뜻입니다. 그런데 계시록은 바로 이 관용어인 마샬로 연결되어 있습니다. 그러므로 본 책을 보시면 계시록을 기록할 당시 요한이 이 관용어를 어떻게 사용해서 계시록을 기록했는지 알 수 있습니다.

(가격 12,800원)

하존 요한 계시록 3권(계9-12장 까지)

계시라는 말에는 헬라어 "아포칼룁시스"와 히브리어 "하존"이라는 말이 있는데 "아포칼룁시스"는 자연계시, 일반계시, 특별계시, 기타 등등의 계시라 해서 광역적인 계시를 말하고, 하존이란 한 가지 주제에 포커스(초점)을 맞추고 집중 조명하는 것을 말합니다. 제가 쓴 책인 이 요한 계시록이라는 책이 바로 종말(하존)에 포커스를 맞추고 쓴 책입니다.

(가격 12,800원)

하존 요한 계시록 4권 (계13-17장 까지)

이 책을 선택하신 여러분은 탁월한 선택을 하신 것입니다. 왜냐하면, 한국에서 헬라어적 관점과 역사론적 관점과 관용어적 관점으로 요한 계시록이란 책을 쓴 사람이 없고, 이 세 가지 입장에서 세미나를 하시는 분도 한 분도 없기 때문입니다. 그러나 저는 이 세 가지 관점에서 이 책을 썼습니다.

(가격 12,800원)

하존 요한 계시록 5권 (계18~19장,계21~22장 까지)

관용어란 히브리어로 "마샬"이라 하는데 이 말은 잠언을 말하는 것으로 "속담, 격언, 관용어"란 뜻이 있습니다. 그런데 이 마샬에서 비유라는 사복음서의 파라볼레가 유래 되었는데 이를 관용어라 합니다. 그런데 놀랍게도 요한 계시록은 제1장부터 22장까지 이 비밀코드인 마샬(파라볼레=관용어)로 다 연결되어 있습니다.   (가격 12,800원)

하존 요한 계시록 6권 (계20장)

계시록은 관용어라는 비밀코드로 연결되어 있습니다. 그러므로 이 관용어인 비밀코드를 알지 못하면 요한 계시록은 해석될 수 없습니다. 그런데 저의 본 책이 바로 이 비밀코드를 푸는 열쇠가 될 것입니다. 왜냐하면, 계시록에 나와 있는 관용어를 다 정리해 놓았기 때문입니다. 여기서 관용어란 속담, 격언, 잠언, 비유를 뜻하는 말입니다.   (가격 12,800원)

뉴 동의보감

어느 약사 장로님이 저의 이 책을 보시고 말씀하시길 "허준의 동의보감보다 목사님이 쓰신 이 책이 동의보감보다 더 잘 쓰셨습니다." 하고 말씀하시는 것을 들어 보았습니다. 그 약사 장로님이 말씀하신 것 같이 이 책에는 어느 병에는 어느 약초들이 좋은지 그 약초들의 소개로 가득 차 있습니다. 저 또한 몸에 병이 올 때 제가 쓴 이 책에 나오는 약초들을 사용함으로 대부분의 병을 치료받곤 했습니다.   (가격 12,000원)

나는 기도응답을 100% 받고 있다

저자 오흥복 목사는 2003년까지만 해도 기도응답을 거의 받지 못했지만 기도의 방법을 바꾸고 나서 거의 100% 기도 응답을 받았습니다. 이 책에서는 이렇게 거의 100% 기도 응답 받을 수 있는 방법을 제시하고 있습니다. 여러분들도 이 책에서 제시하는 방법대로 기도하는 순간, 기도응답을 거의 100% 가까이 받게 될 것입니다. (가격 11,000원)

기도응답은 만들어 받는 것이다

이 책은 1권인 "나는 기도응답을 100% 받고 있다"라는 책의 후속 편으로 1권을 기반으로 썼기 때문에 1권을 보시지 않고, 이 책을 읽으면 잘 이해가 되지 않는 부분이 있습니다. 그러므로 반드시 1권을 읽으시고 이 책을 대하시길 바랍니다. 이 책은 지금 당장 문제 가운데 있는 분들이 보신다면 흑암의 터널을 통과하는 서광이 될 것입니다. (가격 11,000원)

이젠 돈 걱정 끝

이 책은 물질에 대한 이해와 기본구도에 대해 설명하고 있습니다. 이 책을 보시면 물질이 어떻게 움직이는지 알게 됩니다. 그뿐만 아니라 이 책의 핵심은 번제인데, 번제는 힘으로도 안 되고, 눈물로도 안 되고, 기도로도 안 되던 문제를 해결하는 만병통치약과 같은 것으로 이 번제에 대하여 아주 잘 설명하고 있습니다. 또한 이 책과 "부자들의 이야기 그들은 이렇게 해서 부자가 되었다"라는 책과 "한국의 탈무드" 1.2.3권은 한 권의 책이라 보시면 됩니다. 그러므로 물질 문제를 해결하기 위해서는 이 책과 부자들의 이야기와 한국의 탈무드 1.2.3권의 책을 반드시 같이 보셔야 합니다. (가격 12,000원)

한국의 탈무드 1

이 책은 묵상이 무엇이며, 무엇을 묵상해야 하며, 인생의 답인 지혜에 대하여 자세히 다루고 있습니다. 이 책에서는 솔로몬이 가졌던 지혜를 누구나 가질 수 있음을 말하고 있는데, 그 방법은 4가지를 통해 가질 수 있고, 생활 가운데 그 지혜를 활용하는 방법도 소개되고 있습니다. 사실 이 책과 "이젠 돈 걱정 끝이란 책과 부자들의 이야기 그들은 이렇게 해서 부자가 되었다"란 책은 한 권이라 보면 됩니다. 그러므로 이 책을 보신 분들은 "이젠 돈 걱정 끝과 부자들의 이야기"라는 책을 반드시 참고하셔야 합니다.   (가격 11,000원)

한국의 탈무드 2

이 책은 "한국의 탈무드 1"을 기반으로 쓰인 책으로 성공의 원리와 삶의 원리를 다루고 있습니다. 성공도 그렇고, 삶도 그렇고 모든 것에는 원리가 있습니다. 그래서 이 원리에 맞게 움직이면 우리는 누구나 다 성공할 수 있고, 원리에 맞게 움직이지 않으면 공부를 많이 했어도 실패할 수밖에 없습니다. 저는 이 책에서 지혜를 갖는 원리와 성공과 생활의 원리 약 80여 가지를 다루고 있습니다. 여러분들이 이 책에 나와 있는 원리를 잘 알고, 적용하시면 아마 100% 성공적인 삶을 살게 될 것입니다.   (가격 11,000원)

한국의 탈무드 3

하나님이 주신 지혜인 영감과 원리를 가지면 세상을 정복할 수 있습니다. 그런데 이 책엔 이런 원리와 예화가 가득 차 있습니다. 저는 개인적으로 지혜만 가지고 있으면 사막과 황무지에서도 살아남고 성공할 수 있다고 봅니다. 그런데 저의 책 "한국의 탈무드" 1.2.3권이 이런 지혜를 주는 지혜의 보고가 될 것입니다. 이 책엔 2권에서 다 말하지 못한 원리들과 지혜 예화들이 나오고 있습니다. 그러므로 이 책의 원리와 예화를 그대로 적용하시면 아마 100% 성공적인 삶을 살지 않을까 생각합니다. (가격 11,000원)

임재 기도의 힘, 생각만 해도 응답 받는다

이 책은 임재와 기름부음의 차이, 어떻게 하면 성령의 임재 가운데 있을 수 있는지 아주 잘 설명하고 있으며, 어떻게 하면 생각만 해도 응답 받는지에 대하여도 잘 설명하고 있습니다. 그뿐만 아니라 방언에 대한 오해와 궁금한 모든 것을 아주 자세히 설명하고 있습니다. 이 책을 보시면 누구나 방언을 말하게 될 것이며 또한 "성령을 이해하면 당신도 환상과 예언을 할 수 있다"라는 책은 이 책의 후속편이오니 참고해 주셨으면 합니다.   (가격 11,000원)

성령을 이해하면 당신도 환상과 예언을 할 수 있다

이 책은 "임재 기도의 힘, 생각만 해도 응답 받는다"의 후편으로 성경에 나와 있는 9가지 은사를 어떻게 받으며, 은사를 사용하는지에 대하여 다루고 있습니다. 그뿐 아니라 우리의 초미의 관심이 되는 환상에 대하여 자세히 다루고 있으며, 또한 예언하는 방법에 대하여 자세히 다루고 있습니다. 이 책을 읽으시고, 바로 이해만 하신다면 이제는 누구나 환상을 볼 수 있게 되고, 예언을 할 수 있게 될 것입니다.   (가격 11,000원)

부자들의 이야기 그들은 이렇게 해서 부자가 되었다

이 책은 록펠러와 빌게이츠, 샘 월튼, 호텔왕 콘래드 힐튼, 워렌 버펫, 그리고 한국의 부자들이 실제로 어디에 어떻게 투자해서 부자가 되었는지 그들의 투자 노하우가 그대로 심층 분석되어 있습니다. 이 책을 보시고 이 책에서 제시하는 방법대로 투자하면 당신도 부자가 될 수 있을 것입니다. 다시 말해 실전 투자 방법들이 소개되고 있습니다. 사실 이 책과 "이젠 돈 걱정 끝", "한국의 탈무드" 1.2.3권은 한권의 책이라 봐야 할 것입니다. 그러므로 이 책을 보신 후 그 책들을 참고해 주셨으면 합니다. (가격 12.000원)

영적 존재에 대한 이야기

이 책은 여섯 가지 영적 존재인 하나님과 천사와 사람과 마귀와 귀신과 미혹의 영에 대하여 아주 자세히 쓰고 있습니다. 이 책을 읽으시면 여섯 가지 영적 존재의 움직임을 자세히 알게 되어 가만있어도 여섯 가지 영적 존재가 어떻게 활동하는지를 알게 될 것입니다. 이 책을 한마디로 말하면 여섯 가지 영적 존재를 아는 필독 도서라 보면 될 것입니다.

(가격 11,000원)

다가온 종말론

종말론에 대한 책들이 많이 있지만, 이 책은 주님이 보시는 종말론을 기록하였습니다. 저는 감히 말씀드립니다. 펠라 지역을 모르면 종말론을 다시 해야 한다고 말입니다. 그 정도로 종말론에 있어 펠라 지역은 중요합니다. 그런데 이 펠라 지역에 대한 정보가 바로 이 책에 기록되어 있습니다.

(가격 11,000원)

성경 보는 눈을 열어주는 창세기

우리는 창세기 하면 그저 신비로 생각하는데, 중요한 것은 우리가 성경을 아는데 있어 교두보의 역할을 하는 것이 바로 창세기입니다. 그러므로 우리가 창세기를 잘 알지 못하면 성경을 이해하는 데 어려움을 겪게 됩니다. 성경의 비밀이 창세기 안에 다 들어 있기 때문입니다.

(가격 11,000원)

삼위일체와 예수

우리는 삼위일체 하면 굉장히 어려워합니다. 그러나 실제로 삼위일체는 신비가 아니라 아주 쉬운 부분에 해당합니다. 이 책에는 이 삼위일체의 비밀을 잘 설명하고 있으며, 우리가 믿는 예수님에 대한 신비를 이해하기 쉽게 기록하고 있습니다. 그러므로 삼위일체와 예수님에 대하여 알고 싶으시면 이 책을 꼭 보시길 바랍니다.

(가격 11,000원)

상상하며 기도 하면 100% 응답 받는다

이 책은 제가 지난 24년 동안 기도 응답에 대하여 연구하기 시작하면서 응답 받았던 부분을 종합해 본 결과 얻어낸 결론입니다. 또한 지난 7년 전부터 이 결론을 가지고 임상실험을 해 기도응답을 거의 100% 받은 비밀을 그대로 공개하고 있습니다. 그래서 이 책을 저는 기도응답의 결정판이라 말하고 싶습니다. 여러분들도 이 책에서 제시하는 방법대로만 기도하신다면 틀림없이 100% 받게 될 것입니다.

(가격 6,000원)

주님을 사랑하면 복들이 온다

기도응답을 받기 위해서는 우리가 하나님이 사랑하시는 분을 사랑하면 되는데 그 첫째가 말씀이고 둘째는 예수님이십니다. 이 말씀과 예수님을 친밀하게 사랑하면 돈을 비롯한 영혼이 잘되고, 범사가 잘되고, 강건한 복을 받게 됩니다. 그런데 이렇게 말씀을 친밀하게 사랑하는 방법이 주어 3인칭을 주어 1인칭으로 바꾸면 되고, 주님을 사랑하되 사랑하는 증거를 가지고 있으면 됩니다. 자세한 내용은 이 책을 구매해서 읽어 주시길 바랍니다.
(가격 6,000원)

다바르(이름대로 된다)

다바르라는 말은 말이 현실로 되는 창조적인 말을 의미하는 히브리어입니다. 우리나라 말에 "말에 씨가 있다"라는 말이 있는데, 이 말을 성경 식으로 표현하면 바로 다바르가 되는 것입니다. 어떤 사람은 뒤로 넘어져도 코가 깨지고 안 되지만 어떤 사람은 뒤로 넘어져도 일어날 때 돈을 줍고 성공하게 되는데, 이렇게 인생에서 실패와 성공을 좌우하는 이유가 바로 이름 때문입니다. 즉 다바르의 역사 때문입니다. 이 책을 읽어 보시면 이름의 중요성과 다바르의 중요성을 알게 되어 이제부터 성공적인 인생을 살게 될 것입니다.
(가격 6,000원)

성경 보는 안경 1 (상)

우리가 성경을 가장 짧은 시간 내 독파할 수 있는 방법이 있는데 그것은 바로 성경의 용어를 잘 이해하는 것입니다. 저는 이 책을 조직신학 해석집이라 할 정도로 성경의 용어들을 읽기만 해도 쏙쏙 해석될 수 있게 기록했습니다. 그러므로 한번 구매해서 상, 하권 두 권을 읽어 보시면 여러분들이 지금까지 궁금해했던 성경에 대한 모든 답을 다 찾아낼 것이며 성경에 대한 궁금증이 다 사라질 것입니다. 상하권 두 권으로 되어 있으며 반드시 두 권 다 구매해 읽으셔야 합니다.

(가격 11,000원)

성경 보는 안경 2 (하)

이 책은 성경 보는 안경이라는 1권(상) 책에서 다루지 못한 내용을 이어 쓴 2권(하) 책으로 역시 기존에 어렵기만 했던 성경 용어들을 쉽게 볼 수 있게 해석해 놓은 책입니다. 우리가 성경을 단기간에 돌파할 수 방법이 있는데 그것은 성경 용어를 잘 이해하면 됩니다. 그런데 이 책은 1권(상)에 이어 읽기만 해도 성경 용어들이 잘 이해될 수 있게 썼습니다. 한번 구입해 읽어보시면 성경이 쉽고, 재미있다는 것을 알게 될 것입니다.   (가격 11,000원)

암과 아토피와 성인병은 더 이상 불치병은 아니다

서양의학의 아버지인 히포크라테스는 말하길 "면역은 최고의 의사이며, 최고의 치료법이다" 라고 했고, 유명한 약학 전문가인 "샤무엘 왁스맨"은 "모든 질병을 고칠 수 있는 치료법은 이미 이 세상에 존재하고 있다"라고 말했습니다. 이 책에는 바로 이런 불치병을 치료할 수 있는 방법을 자세히 다루고 있습니다.   (가격 11,000원)

약이 없는 병은 없다 1 (품절)

제가 약초와 한국의 풀들을 연구하며 느낀 것은 세상에 약이 없는 병은 단 한 건도 없다는 것이었습니다. 또한 사람이 자연수명을 다하지 못하고 죽는 이유가 약이 없어 죽는 것이 아니라 약을 찾으려 하지 않고, 약을 찾았어도 그 찾은 약을 믿지 않고 쉽게 포기해 버려서 죽는다는 것이었습니다. 이 책을 보시면 모든 병에 반드시 약이 있다는 것을 알게 될 것입니다. (가격 11,000원)

약이 없는 병은 없다 2

만병통치약은 없어도 모든 병엔 다 약이 있습니다. 이 책에 있는 약초들이 여러분의 병을 치료할 것입니다. 이 책은 한국의 나무와 풀들인 약초에 대한 것이 2권이고, 이 책에서 다루지 못한 부분은 제3권에서 다루도록 하겠습니다. 여러분들이 이 책을 읽어 보시면 진짜 약이 없는 병은 없다는 것을 알게 되실 것입니다. 제가 이 책을 쓴 이유는 우리 믿는 모든 성도가 이 책을 읽으시고 120살까지 건강하게 무병장수하셨으면 해서 쓰게 되었습니다. (가격 10,000원)

약이 없는 병은 없다 3

하나님이 주신 나무와 풀인 약초 안에 모든 병에 대한 약인 만병통치약이 있습니다. 이 책에 나와 있는 약초와 풀들이 당신의 병을 치료하는 만병통치약이 될 것이며, 우리가 약초에 대하여 잘 알면 진짜 약이 없는 병은 없다는 사실을 알게 될 것입니다. 저는 우리 성도들이 나무와 풀인 좋은 약초를 드시고 120살까지 무병장수했으면 합니다. 이 책을 읽어 보시면 120살까지 장수한다는 것이 결코 불가능한 일만은 아니라는 사실을 알게 될 것입니다. (가격 10,000원)

세포를 치료하면 모든 병(암)이 치료된다 (절판)

우리 몸의 구조는 물이라고 하는 피가 70%이고, 세포가 30%로 구성되어 있습니다. 그러므로 우리 몸에 문제가 생기면 물이라고 하는 피와 세포를 치료하면 자동으로 병은 치료 됩니다. 그런데 피에 관한 문제는 혈액순환에 관한 문제이며, 세포에 관한 문제는 8가지 당에 관한 문제입니다. 이 책은 바로 이 피와 세포를 어떻게 하면 정상으로 만들 수 있는지를 다루고 있습니다. (가격 4,000원)

구원과 성막

이스라엘 사람들이 아론을 중심으로 눈에(출32:4) 보이는 하나님을 믿기 원하는 것을 하나님은 아시고 하나님은 그들을 심판하셨습니다. 그러나 한편으로는 눈에 보이는 하나님을 믿고 싶어 하는 사람의 마음을 이해하셔서 하나님의 얼굴인 성막을 주셨는데 그분이 바로 예수님이십니다. 이 책엔 여러분들이 신앙생활 하며 궁금해했던 구원의 3단계와 성막에 대하여 쉬우면서도 심도 있게 다루고 있으니 구원의 확신이 없으신 분들이나 성막에 대하여 궁금하셨던 분들이 보시면 신앙생활에 많은 도움이 될 것입니다. (가격 11,000원)

침례와 성경

저는 모든 성도가 반드시 침례를 받아야 한다고 개인적으로 주장하는데 제가 왜 이렇게 강하게 주장하는지 그 이유가 이 책에 나옵니다. 성경이 무엇이며 왜 우리가 성경을 믿어야 하며 또한 사장되어 있는 말씀을 어떻게 레마로 살려내야 하며 어떻게 해야 말씀을 굳게 잡아 말씀이 그대로 이루어지게 하는지 그 방법이 소개되고 있습니다. 그러므로 당신도 이 책에서 말하는 대로

하면 말씀이 레마로 역사하는 것을 체험하게 될 것입니다. (가격 11,000원)

성경의 진수(1)

성경을 입체적으로 볼 때 성경이 한눈에 들어오게 되어있습니다. 그리고 성경을 입체적으로 보는 방법은 성경에 나와 있는 단어들을 바로 알면 됩니다. 이 책을 포함해「삼위일체와 예수」, 「다가온 종말론」,「영적 존재에 대한 이야기」,「성경 보는 눈을 열어주는 창세기」,「성경 보는 안경1(상).2(하)권」,「구원과 성막」,「침례와 성경」,「성경의 진수 1.2권」등 10권의 책을 읽어보시면 당신도 바로 성경의 전문가 될 수 있을 것입니다. 이 책들이 바로 성경을 입체적으로 기록해 놓았기 때문입니다. (가격 11,000원)

성경의 진수(2)

성경은 단어들의 연속으로 구성되어 있습니다. 그래서 성경에 나와 있는 단어들만 완벽하게 이해하고 바로 알기만 하면 성경을 관주해서 볼 수 있습니다. 이 책은 이렇게 당신에게 성경에 나와 있는 용어들을 이해하는데 길잡이가 될 것이며 또한 이 책에 나와 있는 용어를 바로 알면 성경의 진수를 알게 될 것이며 성경을 통달하게 될 것입니다.

(가격 11,000원)

암
병 이 치료된 사람들의 이야기

초 판 1 쇄 | 2022년 06월 30일

지 은 이 | 오 흥 복
펴 낸 이 | 이 규 종
펴 낸 곳 | 엘맨출판사
　　　　　　 서울시 마포구 토정로 222 422-3
전　　화 | (02) 323-4060
팩　　스 | (02) 323-6416
홈 페 이 지 | www.elman.kr
메　　일 | elman1985@hanmail.net
등　　록 | 제10-1562(1985. 10. 29)

I S B N | 9978-89-5515-023-0(03230)
정　　가 | 11,500 원